Emanuel A. Mayer

Geschichte der Evangelisch-Lutherischen St. Lorenz-Gemeinde

Emanuel A. Mayer

Geschichte der Evangelisch-Lutherischen St. Lorenz-Gemeinde

ISBN/EAN: 9783743631922

Hergestellt in Europa, USA, Kanada, Australien, Japan

Cover: Foto ©ninafisch / pixelio.de

Weitere Bücher finden Sie auf **www.hansebooks.com**

Geschichte

der

evangelisch-lutherischen

St. Lorenz-Gemeinde

U. A. C.

zu

Frankenmuth, Mich.

Im Auftrag der Gemeinde zur Feier ihres fünfzigjährigen Bestehens

zusammengestellt von

E. A. Mayer.

Halte, was du hast, daß niemand deine Krone nehme.
Offb. 3, 11.

St. Louis, Mo.
CONCORDIA PUBLISHING HOUSE PRINT.
1895.

„Gedenke der vorigen Zeit bis daher und betrachte, was er gethan hat an den alten Vätern", so ruft der Mann Gottes Moses in seinem Lied und Lobgesang dem Volk Israel vierzig Jahre nach ihrem Auszug aus Egyptenland zu, damit sie erkenneten die Wege und Wunder des HErrn Zebaoth, der „die Grenzen der Völker setzt und sein Volk behütet wie seinen Augapfel, wie ein Adler ausführet seine Jungen und über ihnen schwebet". Und „das werde geschrieben auf die Nachkommen, und das Volk, das geschaffen ist, wird den HErrn loben". Die in diesen Gottesworten ausgesprochenen Gedanken waren es, welche die Gemeinde in Frankenmuth bewogen, bei Gelegenheit ihres fünfzigjährigen Gemeinde= jubiläums ihrem gegenwärtigen Pastor den Auftrag zu geben, er solle die Geschichte der Gemeinde für den Druck zusammen= stellen. Es soll also dies Büchlein ein Denkmal der Wunder= werke des HErrn sein, zunächst für uns selbst bestimmt, damit bei uns die Geschichte vergangener Tage frisch bleibe und uns für die Zukunft zur Lehre, Trost, Reizung und Mahnung diene. Ich unterzog mich dieser Aufgabe um so lieber, als mich je und je die Geschichte der Entstehung dieser Gemeinde und der von ihr gepflegten Indianermission, wie sie von Pastor Fr. Lochner im 32. Jahrgang der „Abendschule" und in des seligen Professor Crämers Lebenslauf im „Luthera=

ner" erzählt ist, sonderlich angezogen hat. Und dann bietet auch die Geschichte der Gemeinde in Wirklichkeit des Interessanten und Lehrreichen eine so reiche Fülle, daß es eine Lust ist, den allenthalben sich offenbarenden Spuren göttlicher Regierung zu folgen und die Wege und Wunder des HErrn Zebaoth zu schauen und zu schildern. Möchte es mir nun auch gelingen, dies in gehöriger Weise zu thun! Nicht Menschenehre wollen wir aufrichten, nicht was Menschen gethan haben, rühmen, sondern dem die Ehre geben, dem allein sie gebührt.

Fünfzig Jahre! Im Lauf der Jahrtausende eine kurze Spanne Zeit. Und doch, wie manches durfte die Gemeinde in diesem halben Jahrhundert erfahren! Wie manches auch ausrichten! Wie hat Gott aus einem kleinen Senfkörnlein einen großen Baum gemacht! Wie hat er so manchmal Böses zu Gutem, ja zu eitel Heil und Segen gewendet, daß wir sagen müssen: Es ist wie ein Wunder vor unsern Augen. Das eigentliche innere Wirken des heiligen Gottes in den Herzen entzieht sich ja zumeist unserm Blick. Aber was wir sehen, gibt genug Anlaß, der Güte Gottes rühmend zu gedenken. Wie vielen Menschen durfte doch das Wort in öffentlicher Predigt und in der Privatseelsorge, in gesunden und kranken Tagen nahegebracht werden. Ueber 2800 Kinder sind hier durch die heilige Taufe Christo einverleibt worden; 1627 haben bei der Confirmation ihren Taufbund erneuert; 85,283 Communicanten haben die Absolution und das heilige Abendmahl empfangen; 563 Brautpaare haben ihren Ehebund durch Gottes Wort und Gebet heiligen lassen, bei 900 Gräbern konnte der Trost des göttlichen Wortes ge=

spendet werden. Und wenn wir nun sehen, wie Gott sich zu seinem Wort bekannt und seinen Segen dazu gegeben hat; wie die Gemeinde nicht nur äußerlich gewachsen ist, sondern auch zugenommen hat an aller Lehre und in aller Erkenntniß; wie Gottes Gnade ihr nicht nur die Krone bewahrt, sondern auch manchen Edelstein eingefügt hat; wie ihr trotz mancher Kämpfe von innen und außen nicht nur eine äußere, sondern auch die Einigkeit des Geistes bewahrt blieb; wie Gott das alles gethan trotz mancher Untreue und Undank unsererseits: sollte uns das nicht Ursache sein zu Jubel und Lob? Und sollte es nicht werth sein, geschrieben zu werden auf die Nachkommen, daß sie mit uns loben den Namen des HErrn?

So lies denn, liebe Lorenz-Gemeinde, die du hiermit ein Ebenezer, „Bis hieher hat der HErr geholfen", aufrichten wolltest, lies, wie Großes dein Gott an dir gethan hat. Er selbst aber, zu dessen Ehre es geschrieben ist, lege seinen göttlichen Segen darauf.

Einst und jetzt.

Fünfzig Jahre wendet sich heuer unser Blick zurück. Es war im August des Jahres 1845, als 15 Personen (Pastor August Crämer mit seiner ihm eben erst angetrauten Gattin und einem fünf Jahre alten Pflegekinde Heinrich, die Ehepaare Martin Haspel und Frau, Lorenz Lösel und Frau, Joh. Konr. Weber und Frau, Johann List und Frau, Joh. Georg Pickelmann und Frau und die ledigen Männer Leonhard Bernthal und Johann Bierlein) an hiesiger Stelle im Ur-

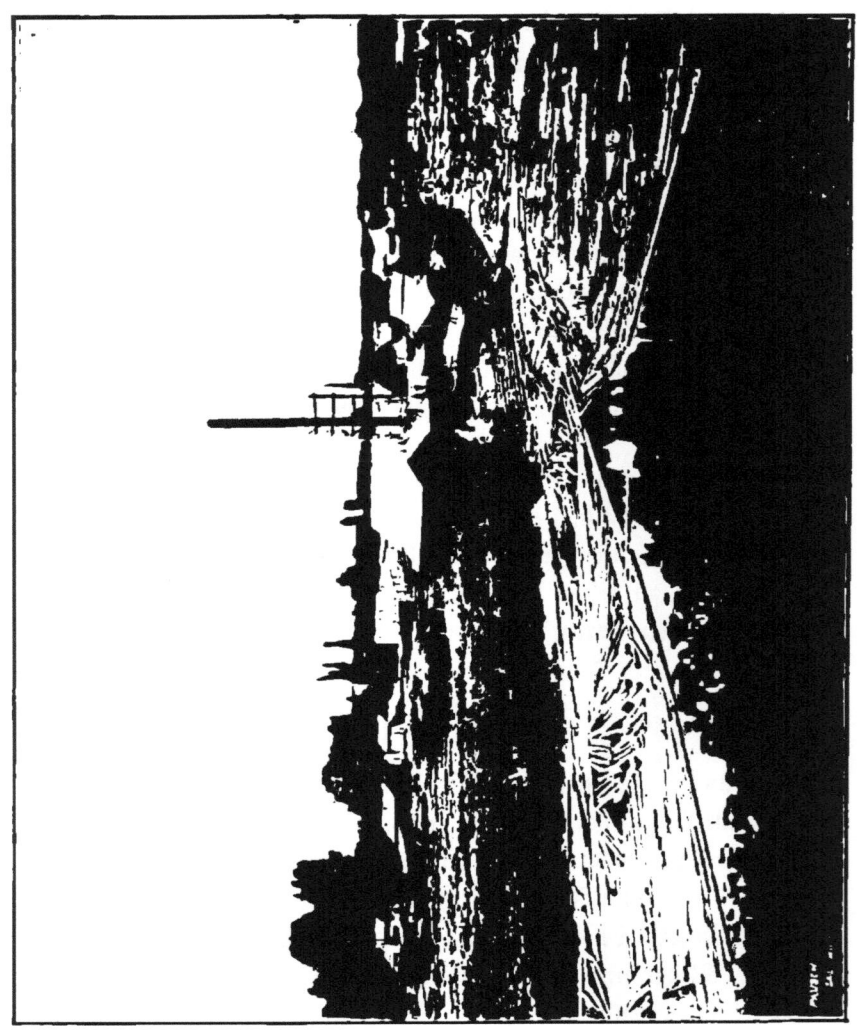

wald sich niederließen, eine Gemeinde zu gründen, in welcher das Wort Gottes lauter und rein nach den Bekenntnissen der evangelisch-lutherischen Kirche geprediget werden, und von welcher aus vor allem die Kunde von dem Gekreuzigten zu den heidnischen rothen Ureinwohnern dieses Landes bringen sollte.

Was ist in diesen fünfzig Jahren geschehen? Wo damals der dichte finstre Urwald den Boden deckte, dehnen sich jetzt weithin lachende Fluren; Farm reiht sich an Farm; der jungfräuliche Waldboden hat durch Gottes Segen die an denselben gewandte Arbeit im Schweiß des Angesichtes reichlich gelohnt; Wohlstand ist allenthalben zu sehen. Ein Dorf mit Kaufläden, Mühlen und andern Betrieben und Geschäften ist entstanden. Die damals aus wenigen armseligen Hütten bestehenden benachbarten Ortschaften sind zum Theil zu großen volkreichen Städten angewachsen. An Stelle der ersten Blockkirche und des Blockpfarrhauses ist im Laufe der Zeit eine Framekirche und ein Framepfarrhaus und dann eine große imposante Backsteinkirche mit ebensolchem Pfarrhaus getreten. Außer diesen besitzt die Gemeinde jetzt ein der Kirche gegenüberliegendes Confirmandenhaus, sieben Schulhäuser mit ebensoviel Lehrerwohnungen, eine Wohnung für einen emeritirten Lehrer, ein ausgedehntes Kirchengut und eine Invalidenfarm. Von den ersten Einwanderern ist nur noch ein Mann, Leonhard Bernthal, und zwei Frauen, die verwittwete Frau Johann List und die verwittwete Frau Joh. Georg Pickelmann, jetzige Frau Johann Georg List am Leben. Aber durch Zuzug und Wachsthum aus sich selbst ist die Gemeinde zu einer zahlreichen herangewachsen, so daß sie jetzt bei einer

Seelenzahl von 2225 415 stimmberechtigte und 1272 communicirende Glieder hat. Der Wechsel kann wohl am deutlichsten beleuchtet werden durch die bezeichnenden Worte der ersten Frau Pfarrer, welche, als sie nach dreißigjähriger Abwesenheit zur Einweihung der dritten Kirche Frankenmuth besuchte, einmal übers andere ausrief: „Aber wo sind denn die vielen Bäume hin und wo alle die schönen Häuser hergekommen?"

Doch der Zweck dieses Büchleins soll nicht allein darin bestehen, die Geschichte der Ansiedlung und die äußeren Wandlungen der hiesigen Gegend zu beschreiben. Es soll eigentlich und vornehmlich uns, dem jüngeren Geschlecht, das Entstehen und Ergehen der Gemeinde, ihren inneren und äußeren Auf=  bau erzählen, ihre Arbeit und ihre Kämpfe. Und da werden wir auf allen Blättern rühmen müssen die Güte des HErrn, die einst und jetzt alle Morgen neu war und ist, und die Kraft seines Wortes, das einen Sieg nach dem andern erhalten hat. Da wird uns immer aufs neue die Mahnung auf dem einstigen Kirchensiegel, das seit Jahren durch ein neues, denselben Geist ausdrückendes ersetzt ist, entgegentönen, die Mahnung: „Halte, was du hast, daß niemand deine Krone nehme." Offenb. 2, 11.

Entstehung und Gründung der Gemeinde.

Die Gründung der Gemeinde Frankenmuth führt uns nach Deutschland in die Studirstube des Pfarrers Johann Konrad Wilhelm Löhe, eines Mannes, welcher für das lutherische Zion deutscher Zunge in Amerika viel und Großes gethan hat. Seit 1837 war derselbe Pastor in Neuenbettelsau in Mittelfranken und starb daselbst im Jahre 1872. Der im Jahre 1841 aus Amerika nach Deutschland ergangene „Nothschrei" des seligen Pastor Friedrich Wyneken, der die kirchliche Noth der hierzulande allenthalben zerstreuten Deutschen in ihrer ganzen Größe schilderte und in der Bitte gipfelte: Kommt herüber und helft uns! hatte auch Löhe mächtig erfaßt und bewog ihn, in Verbindung mit seinem Freunde, Pfarrer Wucherer in Nördlingen, und einigen andern Gleichgesinnten, einige gottselige und begabte junge Leute um sich zu sammeln und auf praktischem Wege zur Uebernahme eines Predigt= oder Schulamtes in Amerika vorzubereiten.

Nachdem so der Blick einmal auf Amerika gerichtet war, war es bald nicht nur die Noth der kirchlich verlassenen Glaubensgenossen, sondern auch die Noth der in Amerika umherschweifenden, in heidnischer Finsterniß und Schatten des Todes sitzenden armen Indianer, welche Löhe und seinen Freunden am Herzen lag. Schon im Jahre 1843 wurde einem der ausgesandten Zöglinge, dem Pastor W. Hattstädt in Monroe, Mich., der Auftrag, sich zu erkundigen, was für die Indianer von der lutherischen Kirche dieses Landes geschehen sei, und was etwa gethan werden könne. Dieser berichtete, daß die soeben gegründete Michigan=Synode eine Mission unter den

Indianern anzufangen beschlossen und bereits einen Missionar, Friedrich Auch, berufen habe; der Präses dieser Synode, Pastor Schmidt von Ann Arbor, gebe die Versicherung, er mit seiner Synode stehe rückhaltslos auf den Bekenntnissen der evangelisch=lutherischen Kirche.

Auf Pfarrer Löhes Anfrage antwortete Präses Schmidt unter anderm: „Mit Dank gegen unsern HErrn nehmen wir, geliebte Brüder, Eure brüderlichen Hände an und reichen als Eure Brüder in Christo die unsrigen übers Meer hinüber. Vereint in einem Glauben, thätig in einer Liebe, bekennend und festhaltend eine Wahrheit — machen wir JEsu heilige Missionssache unter den Indianern zu unserer gemeinschaftlichen Gewissens= und Ehrensache. Salz und Feuer zu unserm Opfer gebe der himmlische Hohepriester selber."

Zu eben jener Zeit war ein junger Mann bei Löhe Knecht, welcher in großen Anfechtungen seiner Seele durch Löhes Dienst seinen Heiland im Worte des Evangeliums hatte erkennen und fassen lernen. Es war Lorenz Lösel. Als Löhe mit diesem von seinen Plänen redete und den Gedanken aussprach, es sollte mitten unter den Indianern sich eine Colonie von Christen ansiedeln, welche als scheinende Lichter mit Wort und That den Heiden vorleben sollten, was ihr Pastor als Heidenmissionar ihnen verkündigen würde. Da ging unser Lösel nicht nur mit Freuden darauf ein, sich selbst zu diesem Zweck der Mission zu Dienst zu stellen, sondern redete darüber auch mit andern gleichgesinnten jungen Männern. Und siehe da: es fand sich ihrer bald eine ganze Anzahl zusammen, die bereit waren, in solcher Weise mit Verleugnung ihrer selbst die Bekehrung der Heiden fördern zu helfen. War doch gerade damals nach der bösen Zeit der Herrschaft des Rationalismus ein mächtiges Wehen des Geistes Gottes im ganzen Deutschland spürbar, wo allenthalben aus ihrer Sicherheit aufgewachte Seelen sich um die hie und da auftretenden Zeugen der Wahrheit schaarten, andere herzubrachten und nicht weite Wege bei Sturm und Hitze scheuten, um für ihr armes Herz Trost und Stärkung zu erlangen. So strömten auch zu Löhe aus den umliegenden Orten bis zu sechs und acht Stunden weit Junge und Alte, Dorf- und Stadtbewohner, die in ihrem Gewissen aufgeschreckt, die Frage im Herzen und auf den Lippen trugen: „Was muß ich thun, daß ich selig werde?" Löhe gründete die geängsteten Gewissen nicht in pietistischer Weise auf den Triebsand menschlicher Gefühle, sondern auf den festen Grund des geschriebenen Wortes. In dem Tractat „**Von dem göttlichen Worte als dem Lichte, welches zum Frieden führt**" erhebt er seine Stimme gegen die Prediger in seiner Zeit und Gegend, welche die erschreckten, zagenden und schwankenden Seelen, um sie zur Gewißheit und zum Frieden zu bringen, auf den Weg des Gefühls und der Werke führten, und ihnen sagten, auf den Knieen müsse man den HErrn JEsum suchen und zu ihm rufen, so werde er nicht ermangeln zu erscheinen zu seiner Zeit. Er zeigt, wie durch solche Krücken die Lahmen nicht fest stehen lernen, wie die Herzen hierdurch erst recht schwankend werden, bis sie schließlich gänzlich dahinsinken. Wie ganz anders, wenn man JEsum im Wort und den Sacramenten sucht und findet. Da wird das Herz seiner Sache fröhlich und gewiß. Und steht es selbst auf festem Grunde, dann bringt es auch die Liebe Christi, zu andern zu reden von dem Heil, dessen es theilhaftig geworden ist.

So reiste also in einer Anzahl Leute der Entschluß, ihre geliebte deutsche Heimath zu verlassen, in der sie ihr genugsames, wenn auch zum Theil spärliches Auskommen hatten, und als Missionscolonie in dem Urwald des im Jahre 1837 als Staat in den Bund der Vereinigten Staaten aufgenommenen Michigan unter den rothen Heiden eine neue Heimath zu gründen. Es waren Landleute und Handwerker namentlich aus Roßstall und dem Altmühlthal.

Schon hatte sich Gott auch den Mann ersehen und zubereitet, welcher als Pastor des Colonistenhäufleins und als Missionar dienen sollte. Es war der am 26. Mai 1812 zu Kleinlangheim in Unterfranken geborne, damalige Candidat der Theologie Friedrich August Crämer. Nach Vollendung seiner Studien war derselbe zwei Jahre als Erzieher erst in Sachsen, dann in England thätig und hatte dann einige Zeit eine Professur auf der englischen Universität zu Oxford in England inne. Durch diesen längeren Aufenthalt erlangte er die für seinen späteren Beruf so nöthige Fertigkeit, die englische Sprache fließend zu sprechen, auch in neue Verhältnisse, Land und Leute leicht sich einzuleben. Dabei war er auch mit andern für seinen besonderen Beruf nöthigen Gaben geziert. Wir können das Bild des ersten Pfarrers von Frankenmuth nicht besser zeichnen, als es der „Lutheraner" in einem kurzen Nachruf bei seinem am 3. Mai 1890 erfolgten Tode thut. „Mit Crämer", heißt es da, Jahrg. 47, S. 75, „ist eine der geistlichen Heldengestalten, welche Gott unserer Synode in ihren Vätern beschert hat, aus unserer Mitte geschieden. Der Entschlafene war von Natur mit ungemeiner Willenskraft begabt, ein Charakter wie von Stahl

— 13 —

und Eisen. Als Gott nun dieses starke Gefäß mit seinem Geist erfüllt und sich dienstbar gemacht hatte, da ist es ihm ein auserwähltes Rüstzeug geworden zum Dienst in seinem

Friedrich August Crämer.

Reich. Der Entschlafene war ein besonders hellleuchtendes Beispiel der geistlichen Thatkraft und Selbstverleugnung. Er war eine lebendige Erklärung des Wortes: „Die Liebe Christi bringet uns also; sintemal wir halten, daß so Einer für alle gestorben ist, so sind sie alle gestorben. Und er ist darum für sie alle gestorben, auf daß die, so da leben, hinfort nicht ihnen selbst leben, sondern dem, der für sie gestorben und auferstanden ist.' (2 Cor. 5, 14. 15.) Der Entschlafene war ein rastlos thätiger Mann, ein Mann, der sich in der Arbeit seines Berufs verzehrte und verzehren wollte. Er hielt jeden Augenblick für verloren, den er nicht im Dienste seines Gottes zubringen konnte. Die ihn näher kennen, wissen, wie er sich jedes Mal freute, wenn er noch mehr Arbeit verrichten durfte, als sein Beruf zunächst mit sich brachte. Er wollte die Zeit des irdischen Lebens, die ihm Gottes Gnade gewährte, auskaufen."

War Crämer in der Schule des Rationalismus aufgewachsen und ohne alles innere Leben geblieben, so daß er in spätern Jahren auf seine Jugendzeit als eine verlorne mit Schmerz zurückblickte, so schlug ihm als Candidat das Stündlein, wo er zur Erkenntniß Christi kam und die lutherische Lehre mit der ganzen Kraft seines feurigen Charakters erfaßte, aber auch von dieser Lehre so erfaßt wurde, daß seine Freunde seine augenscheinliche Umwandlung gar nicht zu fassen vermochten. Und mehr und mehr erkannte er, daß die Bekenntnißschriften der lutherischen Kirche in der Concordia von 1580 die genaue Darlegung dessen waren, was die Schrift lehrte. Diese Erkenntniß wurde in ihm gestärkt durch das stille Studium der Folgezeit und durch die Kämpfe, welche er in Oxford mit den zur römischen Kirche sich neigenden Puseyiten, einem Zweige der englischen Episcopalkirche, zu bestehen hatte. Diese Kämpfe waren es denn auch, welche seine Stellung daselbst auf die Dauer unhaltbar machten.

Als daher schon in Oxford der obenerwähnte Nothschrei Wyne‑kens in seine Hände fiel, als ferner sein jüngerer Bruder in Doos ihn mit Löhes Unternehmen bekannt machte, als end‑lich sein früherer Lehrer, der Erlanger Professor Karl von Raumer, ihn dazu ermunterte, bot Crämer Löhe seine Dienste an und kam auf dessen Einladung im Herbst 1844 nach Neuen‑bettelsau.

In dem folgenden Winter finden wir nun an den Sams‑tag‑Abenden und an den Sonntagen diejenigen der zukünf‑tigen Missionscolonisten, welche im Frühjahr 1845 zur Ab‑reise fertig werden konnten, in Neuenbettelsau versammelt. Da wurden Berathungen gepflogen, wie im fernen Lande das kirchliche Wesen eingerichtet werden solle; es wurden Lehr‑besprechungen gehalten; der rhythmische Gesang und die Liturgie wurde geübt; die Missionssache wurde besprochen. Daß bei diesen Besprechungen ein reicher Segen über alle, die daran theilnahmen, floß, und der Geist des Glaubens und der Liebe, der alle beseelte, reiche Nahrung erhielt, daß darum auch hier der feste Grund gelegt wurde, auf welchem die Gemeinde später sich kräftig erbauen konnte: wer wollte das in Abrede stellen?

In diesen Versammlungen wurde denn auch die umfang‑reiche, 88 Paragraphen umfassende „**Kirchenordnung der deutsch‑lutherischen Missionsgemeinde Franken‑muth**" entworfen und durchgesprochen. In dieser Ordnung war der nachher nicht ausführbare Grundsatz niedergelegt, die Kirchengemeinde Frankenmuth solle zugleich eine politische Gemeinde sein; jeder, welcher nicht Glied der Gemeinde sein könne, müsse daher auch aus ihren Grenzen ziehen. Ebenso mußten später manche andere Bestimmungen in Bezug auf das Kirchenregiment und anderes geändert werden, als man mit den Verhältnissen dieses Landes mehr bekannt wurde, und die eigentliche Bestimmung der Gemeinde, eine Missionscolonie zu sein, aufhörte. Aber in ihren wesentlichen Grundzügen war die Ordnung wohl ausführbar. Hatte sie doch gleich den richtigen Ton angeschlagen, indem die Gemeinde im ersten Paragraphen sich „**ohne Rückhalt zu allen Bekenntnißschriften der lutherischen Kirche in dem Concordienbuch von 1580**" bekannte und nach § 2 nur solche Prediger und Schullehrer berufen zu können und zu wollen aussprach, welche „**den vollen Inhalt der lutherischen Concordia von 1580 nicht bloß** *quatenus* **(so weit sie mit dem Worte Gottes übereinstimmt), sondern** *quia* **(weil sie mit dem Worte Gottes übereinstimmt) zu beschwören bereit sind; nicht bloß aus Fügsamkeit und Gehorsam, sondern aus eigener, innigster Ueberzeugung.**"

Nachdem auf Grund dieser Kirchenordnung sich das Colonistenhäuflein als Missionsgemeinde constituirt hatte, beriefen sie unter dem Gesang des deutschen Te Deum, „HErr Gott, Dich loben wir", den ihr vorgeschlagenen Candidaten August Crämer definitiv zu ihrem Pfarrer. Es mag dies im Februar 1845 gewesen sein. Denn unter dem 15. Februar unterzeichnete derselbe mit vier Zöglingen Löhes, die zugleich mit ihm nach Amerika abgehen sollten, eine von Löhe verfaßte und mitunterzeichnete „Allgemeine Instruction für unsere Freunde in Amerika", in welcher sie „freiwillig ohne Vorbehalt an Eidesstatt alle Theile des lutherischen Concordienbuchs als Ausdruck ihrer Erkenntniß der reinen Lehre anerkennen" und „bekennen, daß sie weder Großes noch Kleines darin gefunden hätten, was dem Wort des HErrn widerspräche".

Das Band war geknüpft, Pastor und Gemeinde eins in einem Sinn und in einer Meinung und der Blick beiderseits gerichtet auf die Bekehrung der Indianer als ihre Hauptaufgabe.

Die Uebersiedelung.

Es war ein schwerer Abschied; denn es galt von den Meisten fürs Leben zu scheiden. In der Zeit der Segelschiffe war die Fahrt über das weite Weltmeer ja noch ein ganz anderes Unternehmen, als heutzutage, wo man auf bequemem Dampfer in wenig Tagen den Ocean kreuzt. Schwer war der Abschied aber nur den Zurückbleibenden. Die Abreisenden freuten sich, daß endlich die ersehnte Zeit der Erfüllung ihrer Wünsche gekommen sei. Getragen von kindlichem Vertrauen auf die väterliche Regierung des treuen HErrn und getrieben von der Liebe Christi, rissen sie getrosten und fröhlichen Muthes sich von den Ihrigen los. Aus einem Brief der nun längst heimgegangenen Margarethe Walther, der Braut von Lorenz Lösel, den sie an ihre Mutter von Bremen aus schrieb, theilt Löhe in den „Kirchlichen Mittheilungen" Folgendes mit: „Als unsere kleine Missionscolonie von Nürnberg bis Bremen gereist war, schrieb eine Tochter, welche aus der Gegend von Nürnberg an der Hand eines wackern Mannes das Vaterland verließ, um jenseits dem HErrn zu dienen, an ihre Mutter einen Abschiedsbrief. Die Tochter und die Mutter, beide hochgestallt, hochgesinnt und hochgemuth, waren beide auch von herzlich rettender Liebe für die amerikanischen Heiden und die in Gefahr des Unglaubens jenseits lebenden Deutschen. Die Mutter that, was ihrem Alter zukam; da sie nicht selbst gehen und helfen konnte, so entließ sie unter bestem Segen die Tochter. Die Tochter aber that, was ihr zukam: sie ging entschlossen dahin, des Verlangens, durch ein heiliges Leben, gemäß 1 Petr. 3, 1. ff., den arbeitenden Dienern des Wortes beizustehen. Dieser Sinn überwand die brünstige Liebe zur Heimath und machte sie fröhlich von Nürnberg bis Bremen. Mit herzlicher, dankbarer Freude rühmte sie es ihrer Mutter von Bremen aus im Abschiedsbriefe, welch eine Liebe ihre Genossen und sie überall erfahren hätten, wohin sie kamen. Nirgends habe man ihnen Ungunst erwiesen; auf Eisenbahnen und in Wirthshäusern sogar sei ihnen Liebe entgegengekommen; auf allen Wegen, an allen Orten, auch auf Eisenbahnen und in Wirthshäusern (was wir betonend wiederholen) hätten sie die lauten Lobgesänge des Allerhöchsten anstimmen dürfen, welche sie in der süßen Heimath aus alten Gesangbüchern und Liturgien gelernt hatten. Es sei ihnen unter den Mühseligkeiten der Reise immer festlich zu Muthe gewesen. Es hieß bei dieser kleinen einmüthigen Gesellschaft: ‚Wenn jemandes Wege dem HErrn wohlgefallen, so macht er auch seine Feinde mit ihm zufrieden.‘ Spr. 16, 7." Insonderheit nahm Dr. Petri in Hannover, ein warmer Freund und Beförderer der amerikanischen Missionssache, die Colonisten, die ihm im Sonntagsstaat ihre Aufwartung machten, mit herzlicher Liebe auf, bewirthete sie aufs gastfreundlichste und entließ sie mit Gebet und Segenswunsch.

Am 5. April hatte die kleine Colonistenschaar Neuendettelsau in Begleitung der Löhe'schen Sendlinge Adam Detzer, Ed. Romanowsky und Julius Trautmann verlassen. Schon einige Wochen zuvor war ihr berufener Pastor ihnen vorausgeeilt, um mit dem Candidaten Friedr. Lochner einige Missionsfreunde in Mecklenburg aufzusuchen und in Schwerin die Ordination zu empfangen. Letzteres geschah am Tage vor der Abreise der Colonisten von Nürnberg, am 4. April, im Dom zu Schwerin durch den damaligen Superintendenten Dr. Kliefoth. „Es war ein ergreifender Augenblick", schreibt Lochner im Lebenslauf Prof. Crämers, „als an die Ordination die Communion des Ordinanden nach kirchlichem Brauch sich anschließen sollte und zum Uebergang der Ordinator dem vor ihm Knieenden die Worte des Engels an Elias, 1 Kön. 19, 7., zurief: ‚Steh auf und iß, denn du hast einen weiten Weg vor dir!'"

Am Abend, ehe man sich nach Bremerhafen einschiffte, vollzog der lutherische Pastor von Hanffstengel zu Bremen in aller Stille die Einführung Crämers inmitten seiner kleinen Gemeinde, worauf Pastor und Gemeinde die in Neuendettelsau berathene Gemeindeordnung unterzeichneten. So war denn alles gerüstet und unter herzlicher Anrufung Gottes bestieg man in Bremerhafen die „Carolina", welche am 20. April die Anker lichtete und, von günstigem Winde getrieben, westwärts segelte. „Sie haben sich", ruft Löhe in den „Kirchlichen Mittheilungen" den Colonisten nach, „einen tüchtigen, durch heiße Kämpfe des Lebens weise gewordenen Mann zum Pastor berufen. Mit ihm betraten sie ihr Schiff, um unter seinem Hirtenstab, unter seinem Zuruf, seiner Stärkung dem Lande entgegen zu segeln, in welchem sie mit ihm ein herrliches Werk in aufopfernder Liebe beginnen sollen. Lasset uns, liebe Leser, beten, daß unser Häuflein, von günstigen Winden getrieben, bald und wohlbehalten in den Hafen von New York einlaufen möge! Lasset uns für den Hirten der kleinen Heerde, Herrn August Crämer, und für die Heerde selber beten, daß sie, völlig vereint im allerheiligsten Glauben der Kirche, auch in allem Beginnen einig, muthig und geduldig seien, und daß ihnen auf allen ihren Wegen des HErrn Licht und Recht voranleuchte."

Der Tag der Abfahrt vom Festland war der Sonntag Cantate, wo Epistel und Evangelium gleicherweise von der Kraft des Wortes Gottes zur Erleuchtung und Bekehrung der verlornen Sünderwelt handelten. Wie mögen diese Abschnitte und das darüber geredete Wort dem Colonistenhäuflein bei dem letzten Anblick deutschen Bodens den eigentlichen Zweck ihrer Auswanderung nahegerückt und sie im Blick auf die ungewisse Zukunft aufgerichtet haben! Und der HErr ließ den Glauben seiner Kinder nicht zu Schanden werden, sondern erfüllte seine Verheißung: „So du durch Wasser gehest, will ich bei dir sein, daß dich die Ströme nicht ersäufen." An Gefahren fehlte es nicht, im Gegentheil, es war eine beschwerliche und gefährliche Fahrt, aber um so augenscheinlicher war die allmächtige Durchhülfe Gottes. Gleich am Tage der Ausfahrt aus Bremerhafen fuhr das Schiff auf eine Sandbank. Glücklicherweise war das Meer ruhig. Das Stilleliegen dauerte bis zum nächsten Morgen. Und da die Sonne herrlich schien, wurde gleich eine feierliche Amtshandlung vorgenommen, die Trauung von vier Brautpaaren aus den Colonisten, zu denen sich ein fünftes in Bremen gefunden hatte. So durfte das Schiff der Frankenmuther Gemeinde als ihr erstes Gotteshaus dienen, da regelmäßig jeden Sonntag vom Pastor die gewöhnlichen Gottesdienste gehalten wurden, während die Candidaten die täglichen Morgen= und Abendandachten leiteten. Groß war die Freude, als man ein auf dem Schiff befindliches Harmonium zur Benutzung bekam, mit dessen Hülfe an den Nachmittagen fleißig gesungen und geübt wurde. Candidat Lochner hielt auch jeden Vormittag Schule mit einigen Kindern, und Pastor Crämer ertheilte englischen Unterricht. Obwohl auch lose Leute auf dem Schiff sich befanden, so hielt doch der Capitän Volkmann darauf, daß die Gottesdienste nicht gestört würden. Er war ein christlicher Mann, welcher Gottes Wort liebte und übte und auch seine Matrosen dazu anhielt. Durch seine Güte hatten auch unsere Reisenden einen durch einen Bretterverschlag von den übrigen Zwischendeckspassagieren abgesonderten Raum erhalten, in welchem sie ungestört beisammen sein konnten.

Dieses liebliche Dahinleben wurde aber zum öftern recht unliebsam unterbrochen. Sechs schwere Stürme hatte das Schiff auf seiner Fahrt durchzumachen, so daß der Capitän sagte, in den 32 Jahren, die er auf dem Ocean zugebracht habe, habe er noch keine so böse Fahrt gehabt. Bei einem Sturm stieß in dunkler Nacht die „Carolina" mit einem andern Schiff so heftig zusammen, daß das Bugspriet des andern auf sie geschleudert und sie selbst beschädigt wurde. Da hatten sich die Meisten des Lebens begeben. Widrige Winde trieben das Schiff in der Nähe von Amerika zu weit nördlich, und es kam zwischen Eisberge. Dazu brachen die Blattern aus, an denen zwei Männer und zwei Kinder (darunter das zweijährige Kind der Eheleute Haspel) starben. Auch Pastor Crämer wurde von dieser Krankheit ergriffen. Das waren Tage der Angst und Noth. Doch der HErr sandte seinen Engel, der durch Sturm und Meeresbrausen und andere Gefahr das Schiff hindurch geleitete. Nach fünfzigtägiger Fahrt durfte es, nachdem es zwei Tage in Quarantäne gelegen hatte, in New York landen. Wieder war's ein herrlicher, sonniger Sonntag, der dritte nach Trinitatis. Der Abschiedsgottesdienst auf dem Schiff, zugleich der erste Gottesdienst in dem neuen Vaterland, war ein Lob= und Dankfest, und das gewöhnliche Sonntagsevangelium vom verlornen Schaf und Groschen klang wie ein göttliches Amen zu den Gedanken an die der Missionsgemeinde wartende Aufgabe.

Während des dreitägigen Aufenthaltes in New York wurden nicht nur die Zollangelegenheiten erledigt und mit lutherischen Predigern Bekanntschaft angeknüpft (so mit Pastor Th. Brohm, der seit einem Jahr ein Gemeinblein daselbst bediente), sondern es fand hier auch die Trauung Pastor Crämers in der Matthäuskirche statt. Es war ihm schon in Deutschland nahegelegt worden, er solle doch nicht ohne Gehülfin in sein schweres Arbeitsfeld gehen; aber er hatte sich nicht zur Wahl einer Lebensgefährtin entschließen können. Auf dem Schiff sollte er sie, ohne sie zu suchen, finden. Dorothea Benthien aus Achim bei Bremen, geboren am 12. Februar 1818, hatte sein Herz durch ihren lautern christlichen Wandel und zumal durch ihre aufopfernde und un=

ermüdliche Selbstlosigkeit in der beschwerlichen und gefähr= lichen Pflege der Blatternkranken gewonnen. Ueberzeugt, daß das die Frau für einen Indianermissionar sei, warb er kurz vor der Beendigung der Seereise um ihre Hand und wurde am 10. Juni 1845 mit ihr getraut.

Am 12. Juni bestiegen unsere Einwanderer das Dampf= boot und fuhren den Hudson hinauf bis Albany, von wo sie die Eisenbahn weiter benutzten. Hier durften sie wieder eine herrliche Bewahrung in großer Gefahr erleben. Ihr Wagen war an einen langen Frachtzug angehängt und dankerfüllten Herzens stimmten sie das Lied an: „Nun danket alle Gott." Als sie eben im zweiten Vers bei der Bitte um Erhaltung in der Gnade angelangt waren, da rannte plötzlich ihr Zug mit einem Kohlenzug mit furchtbarer Gewalt zusammen. Wie gut hatte es Gott gefügt, daß der Wagen, in welchem sie sich befanden, ganz am Ende des Zuges sich befand, und obwohl alles drüber und drunter flog und alle Fenster zu Scherben gingen, doch niemand seinen Tod fand oder auch nur schwer verletzt wurde. Ja, der treue Gott hatte auch hier wieder sichtlich Adlersflügel über sie gebreitet. Sicher gelangten sie endlich nach Monroe, Mich., wo Herr Pastor Hattstädt und seine Gemeindeglieder die lang erwarteten Gäste aufs freund= lichste aufnahmen.

In Michigan war man also angekommen, aber damit noch lange nicht am eigentlichen Reiseziel. Hier vernahm man, daß die Gegend, welche von Herrn Präses Schmidt und Mis= sionar Auch als geeignetster Platz für die Missionscolonie aus= gesucht war, von Monroe 135 Meilen nördlich liege, daß aber der Wasserweg dahin durch den Erie=, St. Clair und Huron=

see, die Saginaw-Bai und den Saginawfluß fast 300 Meilen betrage. Pastor Crämer eilte, begleitet von Pastor Hattstädt und den Candidaten Lochner und Trautmann, nach dem 35 Meilen entfernten Ann Arbor, um vor allen Dingen mit Präses Schmidt Rücksprache zu nehmen. Da wurden über die Lehrstellung auch mündliche Erklärungen gegeben und über die Ansiedlung am Caßfluß und das zu treibende Missions= werk geredet.

Von Monroe ging es dann nach Detroit, wo seit ein paar Wochen Pastor Winkler, der vormalige Professor in Colum= bus, Ohio, und nachherige Grabauianer, eine Gemeinde be= diente. Dort traf Präses Schmidt mit den Frankenmuthern zusammen und geleitete sie am Abend des 3. Juli auf das Segelschiff, welches die Verbindung mit Saginaw herstellte. Ihr Geld ließen die Colonisten vorläufig in Detroit unter der Obhut Pastor Winklers. Denn in dem damals noch wilden Westen galt es auf der Hut sein. Mußte doch einem unserer Leute, welcher ganz arglos auf dem Schiffe sein Taschengeld überzählte, Pastor Winkler die nicht unnöthige Warnung zurufen: „Sehen Sie sich vor! Denken Sie, Sie seien in Deutschland? Hier reißt Ihnen einer das Geld aus der Hand und springt damit über Bord, und während Sie denken, er sei ins Wasser gefallen und in Gefahr zu ertrinken, ist er längst in Sicherheit mit seinem Raub." Daß heute auch hier diese wilden Anfangszustände einem geordneten Ge= meinwesen gewichen sind, dazu hat auch der hierher in den folgenden Jahren sich ergießende Strom deutscher Einwande= rung sein gutes Theil beigetragen.

Der erste Anfang in der neuen Heimath.

Nach Verlauf von beinahe einer Woche war das Schiff zum Saginawfluß gekommen. Fünfzehn Meilen auseinander liegen an diesem Fluß die Städte Bay City und Saginaw, ersteres fünf Meilen, letzteres zwanzig Meilen südlich von seiner Mündung in die Bai gleichen Namens. Beides sind jetzt blühende Handelsstädte, Bay City nach dem Census von 1890 mit 27,839, Saginaw mit 46,322 Einwohnern. Wie ganz anders war das vor fünfzig Jahren! Bay City hieß damals Lower Saginaw und bestand aus einigen Fischer- und Jägerhütten. Saginaw City hatte ein Hotel, mehrere Kaufläden und Wohnhäuser, aber Städtisches war an dieser Stadt nichts zu entdecken. Von Lower Saginaw mußten unsere Einwanderer selbst Hand anlegen und das Boot flußaufwärts ziehen, wenn sie nicht längere Zeit liegen bleiben wollten, denn in der Sommerzeit ist der Nordwind selten. Und wenn weiter nichts sie getrieben hätte, so machten die Mosquitos den Aufenthalt unerträglich. Als dies Schiff in die Nähe des heutigen East Saginaw kam, begrüßte die Colonisten Missionar Auch, der von ihrer Ankunft gehört und ihnen auf einem Canoe entgegengerudert war.

So war man also jetzt am Ziel. Missionar Auch hatte schon Vorsorge getroffen, daß Pastor und Gemeinde in Saginaw ein vorläufiges Unterkommen fanden und leistete überhaupt den Colonisten viele Liebesdienste, bis der Landkauf abgeschlossen und ein nothdürftiger Unterschlupf in der neuen Heimath hergestellt war. Bald wanderten auch der Pastor mit etlichen Männern, geführt von Missionar Auch und einem

Landmesser, in den Urwald hinaus, um das vor anderm empfohlene Land in Augenschein zu nehmen und vermessen zu lassen. Unsern Franken gefiel das Land ausgezeichnet; die „Buckel", die sich dem Fluß entlang zogen, heimelten sie um so mehr an, nachdem sie nun die sechzehn Meilen immer nur auf ebenem, zum Theil sumpfigem Boden zurückgelegt hatten. Freilich, dichter, dicker Urwald bedeckte den Boden. Da standen die altersgrauen Baumriesen: Eichen, Buchen, Nußbäume, Zuckerahorn, hie und da eine Fichte und Birke und dazwischen dichtes Gestrüpp, in das kaum je ein menschlicher Fuß gedrungen war mit Ausnahme etwa des rothen Jägers, der in dieser Waldeinsamkeit den Wölfen, Bären und Hirschen nachgespürt hatte. Aber alles war hier zur Anlegung einer Colonie trefflich geeignet. Sechs Meilen östlich lag am Caßfluß das Städtchen Tuscola mit Mahl- und Sägemühle; das Land war hochgelegen und wellenförmig am Fluß entlang und der Boden reich; der Caßfluß, ein frisches, fischreiches Gewässer, damals noch bedeutend stärker als jetzt, wo der Holzbestand mehr und mehr geschwunden ist, konnte eine brauchbare Wasserstraße zwischen der Ansiedelung und Saginaw abgeben, wenn auch die darin befindlichen Baumstämme der Schifffahrt hinderlich waren. Dazu war das Land zu dem billigen Preis von 2½ Dollars per Acker zu haben. Und was das Wichtigste war: zwanzig Meilen oberhalb am Fluß war ein Dorf der Chippewa-Indianer. Ja, auch die Bäume hatten ihren hohen Werth für die zu gründende Colonie; sie bildeten das Material zum Bau der Häuser und zur Feuerung in dem kalten nordischen Winter, und mancher Stamm brachte in der Sägemühle ein

Sümmchen Geldes oder konnte gegen Lebensmittel umgetauscht werden. Da war schnell die Entscheidung gefallen, hier die Hütte aufzuschlagen. Missionar Auch eilte sofort nach Detroit, um bei Pastor Winkler die zurückgelassenen Gelder zu holen. Die Eisenbahn ging damals von Detroit bis Pontiac. Von da ging eine Postkutsche über Flint nach Saginaw. Um das Geld recht unauffällig auf das Landamt in Flint zu bringen, packte es Missionar Auch in einen hölzernen Wassereimer und langte damit sicher an Ort und Stelle an. Auf dem Landamt staunte man nicht wenig über die Menge Fünffrankenthaler, nahm das werthvolle Metall aber um so lieber, als Hartgeld in jenen Zeiten etwas Rares war. Etwas über eine Quadratmeile (Section) Land wurde dafür angekauft. Davon wurden gleich siebenzig Acker für die Mission reservirt, und jeder der Ansiedler gab nach der Vereinbarung den zwanzigsten Acker zum Kirchengut, eine Ordnung, welche bis zum Jahre 1855 eingehalten wurde.

Der Mittelpunkt des Landes war ungefähr da, wo jetzt der alte Gottesacker liegt. Dort legte man den ersten Grund von Frankenmuth. Es mag im August gewesen sein, als hier die ersten Axtschläge erklangen. Während die Frauen in Saginaw blieben, wanderten die Männer am Montag früh mit ihrem Werkzeug hinaus, um erst ein Stück Land zu klären, auf welchem zwei mit Schwarten gedeckte Blockhütten errichtet werden könnten. Die Sommernächte waren warm genug, um in einer Laubhütte auf nothdürftigem Lager die müden Glieder nach der ungewohnten Arbeit in der Augusthitze auszuruhen. Zu der Arbeit, die man später, als man sie geübt hatte, in kurzer Zeit fertig gestellt hätte, brauchte man Wochen. Weber und Haspel hatten sich zwar gleich ein Joch Ochsen gekauft, aber statt mit diesen die Stämme auf die Seite zu schaffen, mühte man sich selbst damit ab. Schon hier hielt der Pfarrer täglich Morgen- und Abendgottesdienst, wie derselbe bis zum Jahre 1852 fortgesetzt wurde. Auch bei der Arbeit ging er den Männern zur Hand, soviel er konnte. Eine besondere Noth war es, daß man in der drückenden Hitze zuerst nur Flußwasser hatte, und die Freude war groß, als man eines Tages eine Quelle entdeckte, die freilich, am nördlichen Uferabhang des Flusses gelegen, Nachmittags von den Sonnenstrahlen recht erwärmt wurde. Mit der Nahrung war es ja auch kärglich genug bestellt, obwohl Zufriedenheit und Dankbarkeit keine Klagen laut werden ließen. Aber die Folgen zeigten sich darin, daß bald einer nach dem andern vom Fieber befallen wurde, und auch Pastor Crämer selbst mit seinem eisernen Willen sich nicht mehr aufrecht halten konnte. Und noch oft besuchte ihn und seine Gemeindeglieder der böse Gast, das Schüttelfieber.

Doch endlich waren die Hütten zum Einzug fertig. Die Compagniehütte war dreißig Fuß lang und entsprechend breit und sollte die fünf Ehepaare und die beiden ledigen Männer aufnehmen. Die andere Hütte war für die Pfarrersfamilie und für den Gottesdienst bestimmt. Freilich Thüren waren nicht da, auch keine Fenster. Vorgehängte Teppichstücke vertraten ihre Stelle. Auch gegen die vielen Regengüsse jenes Herbstes schützte das Dach nur ungenügend, und man mußte oft Tische und Schirme zu Hülfe nehmen, um nur das Bettzeug trocken zu behalten. Aber für den Anfang war es doch ein Obdach. So wurde der Hausrath, das Gepäck und die Frauen auf einen Ochsenwagen geladen, und fort ging's im Namen Gottes nach Frankenmuth. Stellenweise mußte der Weg durch den Wald mit der Axt erst gebahnt werden. Manchmal gerieth man auch in solches Dickicht, daß man die Ochsen hinter den Wagen spannen und ihn wieder zurückziehen lassen mußte, um eine besser fahrbare Stelle zu suchen. Doch es ging, und nach mancher Mühsal kam man nach Frankenmuth.

Frankenmuth! Löhe hatte mit diesem Wort einen treffenden Namen für die Missionsansiedelung gewählt. Man sahe es täglich mehr, daß Muth dazu gehörte, bei dem entsagungsvollen Anfang den Kopf hoch zu halten. Hätte man im Voraus alles gewußt, wer weiß, ob sich der Muth gefunden hätte! Aber der Muth wurzelte hier im Glauben und in der Liebe Christi und ward von oben herab genährt durch Gottes Wort. Der große Zweck, um deswillen man hierher gezogen war, hielt den Muth frisch; man wußte sich von betenden Händen in der Nähe und Ferne getragen und konnte darum selbst um so freudiger und fröhlicher beten und Lob- und Danklieder erklingen lassen.

Freudentage in schwerer Zeit.

Im Herbst des Jahres 1845 erhielt das Gemeinblein einen lieben Besuch in der Person des Pastors Adam Ernst, der ihnen von draußen persönlich bekannt war. Er war drei Jahre zuvor von Löhe herübergesandt worden und stand damals in Neuendettelsau bei Columbus, Ohio. Im laufenden Jahr, am 20. Januar 1895, ist auch er zur ewigen Ruhe eingegangen. Derselbe legte den weiten Weg von seiner Heimath bis Frankenmuth auf seinem Buggy zurück und traf am 10. October hier ein in Begleitung des bisherigen Schullehrers Konrad Schuster, der sich nun auf das Predigtamt vorbereiten und Pastor Crämer in der Indianerschule helfen wollte.

Es war dieser Besuch auch sehr nöthig. Pastor Crämer war durch die fortwährenden schwächenden Fieberanfälle und hinzukommende geistliche Anfechtungen trotz seines eisernen Willens, mit welchem er bekannter Maßen auch in hohem Alter über des Leibes Schwachheit Herr zu bleiben wußte, aufs tiefste niedergebeugt. Und dann suchte der Teufel auch in der Gemeinde Mißstimmung und Mißhelligkeit zu erregen. Zunächst durch eine ganz geringfügige Aeußerlichkeit. Man hatte nämlich draußen ausgemacht, die Häuser der Colonisten sollten alle um die Kirche gebaut werden nach Art eines deutschen Dorfes. Von diesem Dorfe aus sollte das Land eines jeden strahlenförmig ausgelegt werden. Als es aber an die Vertheilung des Landes ging, rieth Missionar Auch, doch es so zu machen, wie es allenthalben in Amerika Brauch sei, daß nämlich jeder Farmer auf seinem Lande sich niederlasse, und zeigte die großen Vortheile dieser Einrichtung. Das leuchtete den Ansiedlern auch ein; aber der Pastor wollte von einer solchen Neuerung nichts wissen. Im Uebrigen ging es aber auch hier, wie so oft im Leben, wenn man um Christi willen sich mit Freuden allen Opfern unterzogen hat und dann nicht bloß das gewöhnliche Christenkreuz tragen muß, sondern auch besondere Lasten sich dazu finden; wenn das, was man vorher nur im rosigsten Lichte gesehen hat, nun auch tiefe Schatten zeigt: dann gelingt es dem bösen Feinde leicht, durch des Fleisches Trägheit uns müde zu machen. Und hätte man nur Aussicht gehabt, vor Eintritt des Winters in ein einigermaßen wetterfestes Haus zu kommen! Aber statt dessen waren zwei oder drei Männer in Sebewaing, um Missionar Auch bei der Errichtung seines Missionshauses zu helfen. Und der eigentliche Zweck, um deswillen die Gemeinde hierher gekommen war, die Mission unter den Indianern: daran war bei der Krankheit des Missionars und seiner Leute nicht zu denken. Was Wunder, wenn unter solchen Verhältnissen Zweifel laut wurden, ob denn überhaupt ihr Werk aus Gott und nicht bloß Menschenvornehmen sei!

Es waren darum rechte Freudentage für die junge Gemeinde, als Pastor Ernst in ihrer Mitte weilte, sie tröstete und aufrichtete, ihre Zweifel ihnen nahm, auch die äußeren Angelegenheiten zur allgemeinen Befriedigung schlichtete, Tage reicher Erquickung und großen Segens für Pastor und Gemeinde. Das Vertrauen hatte wieder in den Herzen die Oberhand gewonnen. Mit neuem Muth ging man ans Werk.

Unterdessen waren auch die Beiden, welche bei dem Bau in Sebewaing geholfen hatten, zurückgekehrt, und man nahm nun allen Ernstes den Bau eines Blockhauses in Angriff, welches für den Anfang zugleich als Missionshaus, Pfarrhaus und Kirche dienen sollte. Jene, die durch Missionar Auch allerlei Handgriffe für den Bau gelernt hatten, konnten jetzt den andern als Lehrmeister dienen. Auch half ein Amerikaner beim Decken des Daches mit Schindeln. Doch brach der Winter mit aller Macht herein, ehe die Fugen in den

Wänden ausgefüllt waren, und man mußte den dazu nöthigen Lehm erst in heißem Wasser erweichen. Doch es gelang.

Am Weihnachtsfest hatte die Gemeinde wieder einen hohen Freudentag, als sie im eigenen, zwar bescheidenen, aber doch immerhin würdigen Gotteshaus die fröhliche Kunde von der Geburt des Heilandes anhören durfte. Die Kiste, welche einstweilen die Stelle des Altars vertrat, war mit einer schönen rothen Decke geschmückt, und es stand darauf ein großes eisernes Crucifix nebst zwei Leuchtern und die Communiongeräthe, alles Geschenke verschiedener Missionsfreunde in Deutschland. Und über dem Altar hing ein künstlerisch werthvolles Gemälde, den gekreuzigten Christus darstellend, welches der berühmte Enzingmüller in München für die Frankenmuther gemalt und ihnen beim Abschied zum Geschenk gemacht hatte. Es ist das noch heute ein herrlicher Schmuck der neuen Kirche. Und als nun vollends gar in der Woche darauf eine der mitgebrachten beiden Glocken (auch von Freunden gestiftet) aufgehängt war und in der Sylvesternacht zum Abschied des Jahres 1845 und zur Begrüßung des neuen Jahres 1846 zum ersten Male ihre eherne Stimme im Urwald ertönen ließ, da war der Jubel groß. Mit brünstigem Dank gegen die großen Wohlthaten Gottes erklang zu dem Glockengeläut in stiller Waldeinsamkeit das Lied „Bis hierher hat mich Gott gebracht durch seine große Güte!" und mit fröhlichem Vertrauen sang man die Bitte: „Hilf ferner auch, mein treuer Hort!" Diese Glocke hatte freilich einen sehr primitiven Standort. Ueber zwei abgestutzte Bäumchen war eine Querstange gelegt, und an dieser die Glocke befestigt. Sie rief von da an Morgens um sechs Uhr zur Mette und Abends zur

Vesper, an den Sonn- und Festtagen zum Vor- und Nachmittagsgottesdienst. Im Frühjahr wurde auch die andere Glocke aufgezogen und später für beide ein eigener Glockenthurm gebaut. Eine Prophezeiung war die Inschrift der kleinen Glocke: „Res parvae crescunt" (Kleine Dinge nehmen zu) in mehr als einer Hinsicht.

So war denn das vorläufige Gotteshaus vollendet, die Gemeinde aber mitsammt dem Pfarrer hauste immer noch in den ersten Nothbauten. Einige Wochen später jedoch, zu Anfang Februar, konnte letzterer mit Frau und Kind den für ihn bestimmten, nach Westen liegenden Raum beziehen, welcher als Wohnzimmer, Küche und Schlafraum diente, während die Kirche das Studirzimmer war. Im Laufe des Frühjahrs gingen auch die Colonisten daran, auf ihren Farmen sich Hütten zu erbauen. Das nothwendige Vieh war schon früher gemeinschaftlich gekauft worden, wobei der Pastor meist den Dolmetscher machte, die Ansiedler aber auch sich bemühten, etwas von der englischen Sprache sich anzueignen.

Wie zufrieden man mit der äußerlichen Lage war, die man gar nicht als so sehr kümmerlich empfand, das zeigt unter anderm der gute Humor eines in der ersten Zeit nach Deutschland geschriebenen Briefes, welcher in lieblicher Uebertreibung die Schönheiten des Wunderlandes Amerika und besonders Frankenmuths schilderte. Hier sei in kurzer Zeit eine ganze Stadt entstanden mit Kirche und Wohnhäusern. Jeder besitze eine große Strecke Land. Und das Schönste sei das Haus, welches groß genug sei für fünf Familien und die eigenartige Vorrichtung habe, daß, wenn man eine Thür öffne, sogleich alle Thüren im Hause aufgingen ꝛc.

Die erste Missionsarbeit.

Es ist wahr und lebte tief in den Herzen der Frankenmuther, was Löhe wiederholt in seinen „Kirchlichen Mittheilungen" erklärte, daß „Frankenmuth für uns nur Interesse hat, sofern es ein Anhaltspunkt für die Indianermission ist", und daß „wir die Colonie Frankenmuth gar nicht im Interesse der Auswanderung und Colonisation gegründet haben, sondern lediglich im Interesse der Heidenmission". Man wird darum fragen: Wie stand es denn mit der Missionsarbeit? Nun, unthätig war der Missionar nicht gewesen, wenn auch die Krankheit seinem Eifer Zügel anlegte. Zunächst war es schwierig, einen zuverlässigen Dolmetscher zu bekommen. Drei französische Canadier erwiesen sich als ganz gewissenlos oder unbrauchbar. Der zuverlässigste Dolmetscher, den die Mission hatte, war Jim Gruet, ein canabisch-französischer Halbindianer. Auf ihn ist das Wort Gottes, das er im Hause des Missionars hörte, und das er nach vorhergegangener Besprechung mit dem Missionar ins Indianische übertragen mußte, theils in der Indianerschule, theils auf den Missionsreisen, nicht ohne tiefen Eindruck geblieben, und so wurde er für seinen Dienst um so geschickter.

Gleich im Frühjahr 1846 begab sich der Missionar nach dem zwanzig Meilen am Caßfluß entfernt liegenden Indianerdorf, und bald darauf besuchte er die Indianer am Kakawlin-, Swan-, Chippewa-, Pine- und Bellfluß. Bei diesen 50 bis 70 Meilen entfernten Indianerbanden bildeten sich mit der Zeit drei Hauptstationen, die monatlich einmal regelmäßig besucht wurden. Missionar Crämer scheute keine Strapazen, nicht Regen und Schnee, nicht die Gefahren zu Wasser und Land, da er mehrmals, zumal auf der Saginaw-Bai, dem Tode ins Angesicht schauen mußte. Er schlief mit den Indianern in ihren von Qualm und Rauch erfüllten Rindenhütten und Zelten und aß mit ihnen aus ihrem brobelnden Kessel. Dabei suchte er sich ihrer Sprache zu bemächtigen und in dieser ihnen die Predigt von dem Vater, der die Sünderwelt geliebt, dem Sohne, der sich in den Tod gegeben, dem Heiligen Geiste, der die Herzen zum Glauben an den Heiland Christum bringt, zu verkündigen. Auch Crämer mußte die Erfahrung aller Indianermissionare machen, daß die erwachsenen Indianer mit großer, fast unbegreiflicher Gleichgültigkeit und Stumpfheit das ihnen verkündigte Wort zwar geduldig anhörten, aber auch ohne bemerkbaren Eindruck an sich vorüber gehen ließen. So richtete er denn auch sein Hauptaugenmerk darauf, daß er die Indianerkinder in seine Schule nach Frankenmuth bekam. Auch versuchte er, Indianer auf dem Missionslande hier seßhaft zu machen. Letzteres gelang nur bei einem Indianerdoctor, Old Jim, welcher mit seinen Kindern und Enkeln sich hier niederließ. Er selbst wurde zwar nicht Christ, übergab aber seine Kinder und Enkel förmlich der Mission zur Erziehung.

So konnte Missionar Crämer am 25. Juni 1846 an den „Lutheraner" berichten: „Das Werk der Verkündigung göttlichen Wortes unter den Heiden ist im Glauben und Gebet mit Eifer begonnen. Ein Missionshaus ist gebaut, siebenzig Acres Landes sind für die Mission gekauft, ein Dolmetscher gemiethet. Die Indianerbanden am Flusse Caß, Swan, Pine, Kakawlin, Bell, sind mehrfach bereist worden. Elf

Heidenkinder werden bereits von der Mission unterrichtet und verpflegt, andere in größerer Anzahl täglich erwartet. Ein Heidenknabe von sechzehn Jahren hat nach sechswöchentlichem Religionsunterricht die Taufe begehrt, und nur der Mangel eines sprachkundigen Zeugen und eine dringende Berufsreise den Vollzug hinausgeschoben. Der HErr segne dieses sein Werk und lasse es nicht nur zur Aufrichtung der Ehre seines heiligen Namens durch Verkündigung seines lautern Wortes und Waltung seiner ungefälschten Sacramente unter den Heiden Michigans gereichen, sondern auch belebend und kräftigend auf die lutherischen Gemeinden und deren kirchliches Bewußtsein zurückwirken."

Und nun noch etwas von der häuslichen Arbeit der Frau Pfarrer mit den Indianerkindern, wie sie dies Herrn Pastor Fr. Lochner erzählt, und dieser es in Crämers Lebenslauf mitgetheilt hat. „Die erste Arbeit bei der Aufnahme bestand in einem Reinigungsproceß, den die Pfarrerin vornehmen mußte. Und was für einer war das! Nicht nur galt es, den alten und neuen Schmutz des Leibes zu beseitigen, sondern auch die in den Kleidern wimmelnden Läuse, was nicht anders als durch Abbrühen der Kleider geschehen konnte. Und wenn es dann zu Tische ging, wenn die jungen Rothhäute nach ihrer Gewohnheit ohne Weiteres mit der Hand zulangten, um sich ihr Theil Speise selbst zu nehmen, da hatte es nicht geringe Noth, sie an eine christliche Tischordnung zu gewöhnen. Wenn es mit solcher Arbeit aber bei allen nur mit einem Mal gethan gewesen wäre! Allein gar manches Kind, dem diese christliche Zucht und Ordnung nicht behagen wollte, und das sich allzu sehr nach seiner vorigen Ungebunbenheit und nach dem elterlichen Wigwam sehnte, lief weg, und wenn es dann nach langer Zeit wieder geholt oder gebracht wurde, so mußte die vorhin erwähnte Generalreinigung eben wieder vorgenommen werden, die Gewöhnung an Zucht und Ordnung sammt dem Schulunterricht wieder von vorn anfangen, denn begreiflicher Weise war dann alles in der Schule Gelernte wieder vergessen. Das war aber nicht nur bei den Ausreißern der Fall, sondern auch bei den Kindern, welche von Zeit zu Zeit Urlaub zum Besuch bei ihren entfernt wohnenden Eltern erhielten, und die den Urlaub von zehn Tagen oft auf zwei bis drei Monate ausdehnten." Dabei muß man denken an den beschränkten Raum des Pfarrhauses, in welchem auch Gottesdienst gehalten wurde, und außer der Pfarrfamilie und den Indianerkindern noch die Familie des Dolmetschers untergebracht war.

„So arbeitete denn", fährt Lochner fort, „Pastor Crämer und seine Hausfrau in aller Geduld an den Kindern der Indianer fort, und Gott gab zu ihrer mühevollen Arbeit seinen Segen, so daß man die Missionsschule in Frankenmuth wohl mit Recht unter Umständen als blühend bezeichnen konnte. Die Kinder hörten mit Hülfe des Dolmetschers in ihrer Sprache Gottes Wort, sie lernten auch englisch lesen und schreiben, ja, sie fingen auch an, etwas Deutsch zu verstehen. Dabei gewannen sie ihren Lehrer und ihren Aufenthaltsort lieb, und die mütterliche Pflege, die sie erfuhren, das Herz, das ihnen Frau Crämer zeigte, gewannen wieder ihr Herz, so daß sie dieselbe nicht anders als ‚die Mutter' nannten."

Der Zuzug von 1846. Das erste Kirchgebäude.

Unterdessen hatten sich draußen diejenigen, welche mit dem Vortrab nicht hatten mitziehen können, reisefertig gemacht, und es gesellten sich zu ihnen noch andere zum Aufbruch in Heidenland zur Unterstützung des Missionswerkes. Es waren zwischen 90 und 100 Seelen, von denen freilich einige erst etliche Wochen später abreisen konnten. Am 6. März sammelten sie sich von allen Seiten, wieder aus Roßstall, aus dem Altmühlgrund und aus der Anspacher Gegend, in Nürnberg. Viele waren erst nach Neuenbettelsau gepilgert, um sich von Löhe, der ihnen durch Wort und Schrift mehr oder weniger ein geistlicher Vater geworden war, zu verabschieden und seinen Rath und Segen auf die Reise und in die neue Heimath zu nehmen. Bei der Abfahrt des Zuges in Nürnberg war es auch hier das Lied „Allein Gott in der Höh sei Ehr", welches, von allen angestimmt, den Gedanken der Herzen Ausdruck verlieh. Die Eisenbahn brachte sie nach Lichtenfels, und von da ging's zu Fuß und zu Wagen bergauf und bergab durch den Thüringer Wald, durch welchen damals noch keine Eisenbahn führte; an jenem Freitag bis Kronach, am Samstag überschritt man die Grenze des bayrischen Vaterlandes und kam Nachts zwölf Uhr müde in Lobenstein an. Wie wohl that da die Ruhe auf dem in der Wirthsstube ausgebreiteten Strohlager, wobei man freilich auf der Hut sein mußte, daß man nicht von rechts oder links unsanfte Stöße bekam. Am Sonntag war Rasttag; man besuchte die Kirche und brachte den Tag mit Singen, Lesen, Beten und einem Spaziergang zu. Am Montag in aller

Frühe fing das Marschiren wieder an, denn an diesem Tag sollten dreißig englische Meilen bis Zeylenroda zurückgelegt werden. Am Dienstag gelangte man endlich in Werdau an die bis Hannover zu benutzende Eisenbahn. In Leipzig, wo der Zug einen kurzen Aufenthalt hatte, begrüßte der erst vor Kurzem an die dortige Universität berufene, von den Papisten in Bayern weggedrängte Dr. Harleß die Auswanderer. Nach einer schönen Fahrt durch die Lüneburger Haide bestiegen sie in Niemburg ein Schiff, welches sie am Donnerstag, den 12. März, nach Bremen brachte.

Es war abgemacht worden, daß auch diese Leute mit der „Carolina" ihre Fahrt nach Amerika machen sollten. Da dieselbe aber noch nicht reisefertig war, so entschlossen sie sich nach einwöchentlichem Warten ein in der Eile zur Personenbeförderung hergerichtetes Frachtschiff, einen Zweimaster, zu benutzen, in welches freilich die vielen Menschen förmlich hineingepfropft werden mußten. Außer den Colonisten und zehn Candidaten waren noch sechs katholische Familien und andere Passagiere, namentlich Juden, an Bord. Daß ein kleines Schiff mehr schaukelt als ein großes, das mußte man auch bald gewahr werden, als die Seekrankheit einen nach dem andern ergriff. Namentlich war es der Reisepastor Lehmann, welcher sehr zu leiden hatte, aber in großer Geduld die Frage nach seinem Befinden mit den Worten zu beantworten pflegte: „Es geht mir immer noch besser, als ich's verdiene!"

Ehe die Einschiffung vor sich ging, vollzog der Reisepastor die Trauung von zehn Brautpaaren in der Wohnung von Pastor von Hanffstengel. Es war am Nachmittag des 18. März. Die Bräutigame waren Johann Bernthal, Michael Beyerlein, Michael Bickel, Lorenz Paulus Grüber, Christoph Hörlein, Johann Georg Hubinger, Johann Matthias Hubinger, Friedrich Lotter, Georg Adam Ranzenberger, Peter Schuster.

Auch auf diesem Schiff wurde fleißig Gottes Wort getrieben, und der Capitän hielt darauf, daß die Gottesdienste nicht gestört wurden, nahm auch selbst mit seiner Frau daran Theil. Als durch die böse Seekrankheit die Meisten zur Leitung der Andachten unfähig waren, nahm die Braut eines der Candidaten sich derselben an.

Die Fahrt hatte sich schön angelassen. Mit günstigem Wind hatte das Schiff seinen Curs um Schottland genommen und war im offenen Weltmeer. Aber da gab es, zumal um die Osterzeit, anhaltenden und theilweise heftigen Gegenwind, so daß es trotz allem Laviren eher rückwärts als vorwärts ging. Der größte Uebelstand war, daß das Trinkwasser bald auf die Neige ging, und man froh war, bei einem Regen ein paar Tropfen sammeln und seinen Durst löschen zu können. Essen gab es reichlich, aber verwöhnt durfte der Gaumen nicht sein. In der letzten Zeit mußte auch das Brennholz gespart werden, und es war ein Jammer, das Weinen der kleinen Kinder anzuhören, deren Mütter zwischen den Mahlzeiten nichts Warmes für sie bekommen konnten. Aber es ging vorüber. Dauerte es auch sieben Wochen, so waren diese schließlich zu Ende. Am 9. Mai lief das Schiff in den New Yorker Hafen ein.

Mit einem Mäkler, deren viele die Unerfahrenheit der Ankömmlinge zu benutzen suchten und mit viel süßen Worten und für viel gutes Geld ihre Weiterreise aufs beste zu besorgen sich anboten, schloß die Gesellschaft einen Contract ab, nach welchem sie bis Albany auf dem Dampfboot, von da auf dem Canal weiter befördert werden sollten. Als aber beim Ueberladen der Kisten auf das Canalboot einige noch Ueberfracht bezahlen sollten, trennten sie sich von der übrigen Gesellschaft und nahmen die Eisenbahn. Die Candidaten und Ranzenberger hatten in New York bleiben müssen, um eine Zollangelegenheit in Ordnung zu bringen. Erstere waren nämlich nicht als Candidaten des Predigtamtes in die Schiffsliste eingetragen und sollten deshalb für ihre Bücher Zoll bezahlen; der Letztere aber hatte für die ganze Colonie eine große Kiste voll Waldsägen und anderm Handwerkzeug mitgebracht und mußte dies hoch verzollen. Erst später trafen sie mit den andern Reisenden wieder zusammen. Wie die Weiterreise im Einzelnen verlief, wie in Detroit die große Gesellschaft, die in der auffälligen vaterländischen Tracht mitten auf der Straße dahinzog, von den Straßenjungen mit rohem Spott, ja mit Steinwürfen verfolgt, wie sie von den Bootleuten von einem Tag zum andern hingehalten wurde, wie sie dann endlich nach fünftägiger Fahrt und manchen Abenteuern in Saginaw anlangte, das ausführlich zu beschreiben, würde zu weit führen.

Am Tage vor Himmelfahrt wurde nach kurzer Rast in Saginaw in gehobener Stimmung der Weg nach Frankenmuth angetreten. Lang zog sich derselbe im Urwald hin, und es war kein Wunder, daß, als man einige Meilen von Saginaw an ein Schulhaus kam, man schon Frankenmuth vor sich zu haben glaubte. Der alte Vater Ranzenberger gibt in seinen Aufzeichnungen von diesem Weg und der Ankunft in Frankenmuth ein anschauliches Bild. Er erzählt: „Nachdem wir so (auf holperigem Wege und in großer Hitze, wo der sie begleitende Fuhrmann öfter tröstend sagte: 'That's not good,' die Einwanderer aber verstanden: ‚Das ist noch gut!') 12 Meilen gewandert waren, bog der Fuhrmann auf einmal links ab, und freuten wir uns, daß wir jetzt nur noch vier Meilen nach Frankenmuth haben sollten. Aber nun ging es erst recht hinein in die Wildniß. Von einem Weg war nichts mehr zu sehen. Fuhrwerk und Begleiter suchten sich den Weg zwischen Bäumen und Strauchwerk durch, so gut es ging. Da kamen hohe Hügel und dann wieder Creeks (Bäche), über die keine Brücke führte, und wir fragten besorgt, wie da durchzukommen? Doch wir trösteten uns: Wenn wir nur erst in Frankenmuth sind, dann können wir bei unsern Brüdern rasten von den Mühsalen, und Ruhe thut uns vor allem noth. So hatten wir denn bereits gute vier Meilen zurückgelegt, von einem Frankenmuth aber sah und hörte man nichts. Da auf einmal hielt der Fuhrmann vor einem Blockhaus, das mitten im dicken Busch stand, und rief: 'Here we are!' Und was war es? Es war das Pfarrhaus, das zugleich als Kirche und Missionshaus diente, und darinnen befanden sich außer den Pastorsleuten siebzehn Indianerkinder mit dem Dolmetscher! ‚Aber wo sind denn die Frankenmuther Leute und ihre Häuser?' fragten wir Pastor Crämer, und der Bescheid lautete: ‚O, gleich daneben wohnen ein paar in einer Hütte; einer wohnt in einer Hütte da schräg gegenüber, einer etwas mehr östlich in einer solchen und einer südöstlich in einem kleinen Blockhaus; von den zwei ledigen Männern dient einer bei einem Amerikaner und der andere ist bei seinem Schwager.' ‚Aber wo sollen wir denn hin?' fragten wir. ‚Wir sind neun Familien mit ihren Kindern, zehn Paare junger Eheleute und mehrere ledige Leute.' Unterdeß waren die wenigen Ansiedler herbeigekommen, uns zu begrüßen, und wurde alsbald Rath wegen unserer Unterkunft gehalten. ‚Dort ist die Compagnie-Hütte, da schlupft eben hinein, wer kann, auch kann jeder von uns Ansiedlern einige bei sich aufnehmen.' Immerhin waren nach dieser Vertheilung noch 16 bis 18 Personen übrig. ‚Wohin denn mit diesen?' — ‚Ach', sagte Pastor Crämer, ‚die können noch bei uns auf dem Boden schlafen.' Das geschah. Aber das Haus war nun auch übervoll. Sobald daher unser vier Paare Bretter geliehen bekommen konnten, bauten wir uns eine gemeinschaftliche Hütte. Bald brachte auch den Fluß herauf eine Scow unsre Kisten, da hatten wir Betten und Proviant und es hieß: ‚Nun wird's schon gehen.'"

Mit einem Schlag war die kleine Ansieblung bevölkert. Von Detroit hatte man für die erste Zeit Mehl, Schinken, Reis und andern Vorrath mitgebracht. Sogleich machte man sich daran, alles nur irgend geklärte Land mit Kartoffeln zu bebauen, und diese blieben neben dem Welschkorn für die ersten Jahre nicht nur das Hauptnahrungsmittel, sondern auch die hauptsächliche Einnahmequelle für die Colonie. Dazu gab der Fluß seine Fische; auch Wildpret konnte auf den Tisch gebracht werden; an Eiern und Butter war kein Mangel. Mehl wie auch Bretter mußten von Tuscola meist auf dem Rücken hergetragen oder auf dem Fluß geflößt werden. Denn erst im Jahre 1847 baute J. G. Hubinger eine Sägemühle und 1849 eine Mahlmühle. Doch hörte man niemand klagen. Zufriedenheit war Küchenmeister und Fröhlichkeit die Würze; so lebte man von Tag zu Tag dahin und freute sich, daß es doch immer besser wurde. Am Schluß des Jahres 1846 lesen wir in Löhes „Kirchlichen Mittheilungen": „Zufrieden sind die Gemeindeglieder. Sie hängen mit inniger Liebe an ihrem Pfarrer, und wir haben in Jahr und Tag in den uns zu Gesicht gekommenen Briefen von Frankenmuth in die deutsche Heimath nicht den leisesten Hauch der Unzufriedenheit entdecken können. Sie preisen ihre irdische Lage (und, wie uns dünkt, gehen sie darin zu weit), sie rühmen den Segen ihrer täglichen Morgen= und Abendgottesdienste, die aufopfernde Liebe ihres Pfarrers — und ihre Freude ist die Heidenschule in ihrer Mitte und daß sich die Beziehungen zu den Indianern mehren."

War nun durch den Zuzug von 1846 die Seelenzahl auf über 100 gestiegen, so war es nöthig, daß man sofort an den Bau einer Kirche ging. Noch im August war westlich vom Pfarrhaus ein weiteres Stück Kirchenland geklärt worden, auf dem das erste Kirchgebäude in Frankenmuth seinen Platz finden sollte. Die Blöcke wurden auf zwei Seiten behauen. Die nöthigen Bretter und Schindeln mußten von Tuscola herbeigeschafft werden; und da sich dies in den Winter hineinzog, waren sie naß und gefroren. Pastor Crämer konnte hier einen Rath geben, wie er's von Amerikanern gesehen. Die Bretter wurden dachartig aneinander gelehnt und ein tüchtiges Gluthfeuer darunter geschürt, um sie zu trocknen. Wie viel schneller hätte das Haus fertig werden können, aber durch das Fieber wurde die Arbeit immer wieder aufgehalten. So wurde denn auch am zweiten Weihnachtsfest in Frankenmuth Kirchweih gehalten. Es war ein Blockhaus (42 Fuß lang und 26 Fuß breit, mit drei Fenstern an jeder Längsseite und dem Eingang an der Westseite, ohne Ofen und Schornstein), welches durch Gebet, Predigt und Communion dem Dienst des dreieinigen Gottes geweiht wurde.

Die kirchliche Stellung der Gemeinde und Mission.

Zur selben Zeit als der zweite Zug in Frankenmuth eintraf, bereitete sich ein Ereigniß vor, das von einschneidender Bedeutung für die kirchliche Stellung der Gemeinde war, und durch welches sie gleich in ihren ersten Anfängen in die kirchlichen Kämpfe um die lutherische Lehre und Praxis hineingerückt wurde, aber auch Zeugniß abzulegen Gelegenheit hatte, daß es ihr mit ihrem Bekenntnißstand ein heiliger Ernst war.

Es konnte nämlich je länger je weniger verborgen bleiben, daß Pastor Schmidt in Ann Arbor, mit dem die Gemeinde in Verbindung getreten und dessen „Missionssynode" die Leitung der Frankenmuther Mission in die Hände gelegt war, es mit lutherischer Lehre und Praxis keineswegs genau nehme. Als die Pastoren Crämer, Hattstädt, Lochner und Trautmann ihm erklärten, daß sie mit Missionar Dumser, einem Basler Zögling, welcher trotz seiner Weigerung, die lutherischen Bekenntnißschriften zu unterschreiben, von Präses Schmidt angestellt war, nicht zu einem Synodalkörper gehören könnten, verwies dieser sie mit ihrem Protest an die Synode selbst. Als aber auch die versammelte Synode diesen Protest unberücksichtigt ließ, auch von der bisher geübten Bedienung ausgesprochen unirter Gemeinden nicht lassen zu wollen erklärte, blieb den genannten vier Pastoren Gewissens halber nichts anderes übrig, als ihren Austritt aus der Synode zu erklären. In der Austrittserklärung heißt es nach Angabe der Gründe für diesen ernsten Schritt: „Wir scheiden mit inniger Betrübniß über den unlutherischen Standpunkt, welchen die Synode trotz allen von uns abgelegten lauten Zeugnissen behauptet, und bitten den HErrn der Kirche, die Synode von Michigan bald zu der Ueberzeugung zu führen, wie gefährlich ein solcher Standpunkt, besonders unter den kirchlichen Verhältnissen dieses Landes sei, und wie nothwendig für das Heil unserer theuren Kirche des lautern Bekenntnisses Entschiedenheit und Festigkeit in Lehre und Praxis derselben zum gedeihlichen Wirken lutherischer Synoden sind." Die Gemeinde bekannte sich völlig eins mit ihrem Pfarrer bei diesem Schritt.

Während hier mit schwerem Herzen um des Gewissens willen eine kirchliche Verbindung gelöst werden mußte, hatte Gott dafür gesorgt, daß sich gleichgesinnte treue Bekenner der lutherischen Lehre fanden, mit denen man fröhlichen Herzens eine Verbindung anknüpfen konnte. Der „Lutheraner", dessen erste Nummer ein Jahr vor der Besiedelung Frankenmuths von St. Louis am Mississippi in die Welt gegangen war, war das nächste Mittel, das die in den Vereinigten Staaten zerstreuten bekenntnißtreuen Lutheraner zusammenführte. Er hatte auch in die fernen Urwälder Michigans seinen Weg gefunden. Das war die Posaune, die einen deutlichen Ton gab. Dadurch kamen die fränkischen Pastoren mit Pastor Walther in St. Louis zunächst in brieflichen Verkehr, und im Mai 1846 begaben sich zwei von ihnen, Lochner und Ernst, mit dem gleichfalls durch Löhe herübergekommenen Dr. Sihler von Fort Wayne nach St. Louis zu persönlicher Aussprache und Anknüpfung einer kirchlichen Verbindung. Dort wurde ein Entwurf zu einer Synodalconstitution vorbereitet, welcher im Juli zu Fort Wayne durchgesprochen und ausgearbeitet und dann den Gemeinden vorgelegt werden sollte.

Zu der im Juli 1846 zu Fort Wayne zusammentretenden Conferenz fand sich auch Pastor Crämer ein. 70 Meilen von Fort Wayne traf er auf dem Canalboot mit Walther zusammen. Er beschreibt diese seine erste Begegnung mit Walther also: „Die Freude des glücklichen Zusammentreffens war auf beiden Seiten groß, und bald befanden sich, während wir auf dem Canal fein sanft und ungestört dahinfuhren, alle unter einander im eifrigsten Gespräch. So ich mit Walthern. Mir lag ja sehr viel daran, den Mann persönlich näher kennen zu lernen, den ich schon aus seinem ‚Lutheraner' als eine Säule echt biblisch-lutherischer Wahrheit erkannt hatte. Walther dagegen wollte auch wissen, was das für ein Mann sei, den Löhe herübergesandt habe, das Colonisations- und Missionswesen anzurichten und ein Leiter seiner Zöglinge zu sein. Bald waren wir daher in ein ernstes Gespräch über die Lehre in allen Punkten vertieft, welches die ganze lange Fahrt hindurch währte." Und diese Freude wurde immer größer, je mehr man erkannte, daß man auf Grund des lutherischen Bekenntnisses in allen Stücken der Lehre einig sei — auch, wie Crämer ausdrücklich betont, in der Lehre von der Gnadenwahl, von welcher Walther damals „die biblisch-lutherische

Darstellung, wie er sie in dem jüngsten Lehrstreit so siegreich verfocht, entschieden als seines Glaubens Ueberzeugung aussprach".

Die von der Conferenz in Fort Wayne angenommene Vorlage einer Synodalconstitution wurde nach des Pfarrers Rückkehr in der Gemeinde ausführlich durchgesprochen in allsonntäglichen Versammlungen, welche an die Christenlehre sich anschlossen. Denn die Synode sollte ja eine Verbindung der Gemeinden und darum auch ihre Constitution die Stimme ihrer Gemeinden sein. Und mit Freuden erkannte auch die Gemeinde Frankenmuth, daß diese Constitution in allen ihren Theilen die reine Lehre göttlichen Wortes vom Wesen der Kirche, vom öffentlichen kirchlichen Lehramt, vom Kirchenregiment und von kirchlichen Ordnungen zum klaren Ausdruck bringe.

So kam denn auch aus der Gemeinde heraus der Beschluß, bei der Gründung der Synode von Missouri, Ohio u. a. St. derselben sich anzuschließen. Zum Vertreter bei ihrer ersten Versammlung in Chicago wurde Johann Leonhard Bernthal erwählt. Am Sonntag, den 25. April 1847, wurde die Synodalversammlung durch Vor- und Nachmittagsgottesdienst und die Feier des heiligen Abendmahls eröffnet. Pastor Crämer und sein Deputirter waren auf ihrer Fahrt bei Mackinaw im Eise festgehalten worden und konnten erst am Freitag, den 30. April, in die Synode eintreten. Doch konnten sie immerhin eine Woche den Verhandlungen als stimmberechtigte Glieder beiwohnen. Pastor Crämer wurde zum Secretär der eingesetzten Missionscommission erwählt und erhielt den Auftrag, bei Pfarrer Löhe anzufragen, ob nicht der Central-Missionsverein in Nürnberg geneigt wäre, die Heidenmission in Michigan unter die Aufsicht der Missourisynode zu stellen. Auf dieser Synode wurde auch der Predigtamtscandidat, Herr **Johann Lorenz Flessa**, damaliger Lehrer der Indianerschule und Cantor in Frankenmuth, als berathendes Glied in den Synodalverband aufgenommen. Derselbe zog im Herbst 1847 nach St. Louis, eine dortige Schulklasse zu übernehmen und wurde ein Jahr später Pastor in Franklin County, Mo. Nach einjähriger Verwaltung des Predigtamtes erblindete er und mußte sein Amt niederlegen. Zu dem Augenübel gesellte sich ein Lungenleiden, und am 2. September 1850 erlöste ihn der Tod. Er starb, 28½ Jahre alt, bei seinen Schwiegereltern in Monroe im fröhlichen Bekenntniß seines Glaubens.

Wie gut war es, daß durch die ausführliche Besprechung der Synodalconstitution und ihre Begründung aus Gottes Wort und dem Bekenntniß die Gemeinde in den vielumstrittenen Lehren von Kirche und Amt auf festen Grund gestellt wurde. Denn ach! es sollte nicht lange dauern, daß sie selbst mitten in den Streit gerade über diese Lehren hineingezogen wurde. Doch vorher noch einiges andere.

Freudige und trübe Missionserfahrungen.

Schon im Juni 1846 hatte der Missionar berichten können, daß ein 16jähriger heidnischer Jüngling die Taufe begehre. Im Laufe des Sommers kamen dazu auch seine beiden Schwestern. Im 3. Jahrgang des „Lutheraner" berichtete Missionar Crämer über diese drei Geschwister Folgendes: „Sie waren den ganzen Sommer über längere Zeit daheim bei ihrer kran=

ken Mutter gewesen und hatten daselbst manche harte Probe zu bestehen, indem sie von den englischen Methodisten-Missionaren umlagert waren, die kein Mittel scheuten, durch die gröbsten Lügen bei den Indianern Vorurtheile gegen uns zu erwecken. Doch nach dem Tode ihrer Mutter kamen sie wieder zu uns und waren um so aufmerksamer beim Religionsunterricht, bei welchem uns freilich sehr geringe Hülfsmittel zu Gebote standen. Aber der HErr, der sich allein den Ruhm behält, segnete das Wenige und ließ es Frucht tragen. Die meiste Mühe kostete es uns, den Knaben, der ein nüchterner, ehrbarer, arbeitsamer Bursche war, seiner Sündhaftigkeit zu überführen. Es zeigte sich an ihm deutlich, was Paulus zu den Römern spricht am fünften: Wo kein Gesetz ist, da achtet man der Sünde nicht. Doch als er aus der Schrift vom Sündenfalle hörte, und wie seitdem alle Menschen schon durch ihre sündliche Geburt unrein und unter dem Zorn Gottes sind, hatte ihn der Geist Gottes bald überzeugt, daß ein böser Baum keine guten Früchte tragen könne, daß auch sein bisheriges Thun und Lassen eitel Sünde sei, und er wurde heilsbedürftig. Als er nun auf seine Frage: was er von der Taufe halte, die Antwort erhielt, daß sie Vergebung der Sünden, Leben und Seligkeit wirke, begehrte er zu wiederholten Malen, er wolle getauft sein. Auch seine Schwestern, obwohl mehr stille und schweigsam, erklärten unter Thränen, daß sie getauft sein wollten. Die Handlung sollte eigentlich am ersten Christtag stattfinden, dessen Bedeutung man ihnen klar gemacht (am Tag der Kircheinweihung), aber die eingeladenen Taufzeugen konnten des Thauwetters wegen nicht kommen, zum großen Leidwesen des

Knaben, der dann selber nähere Nachbarn angab, die der Sprache kundig seien. (Sie wurde dann am dritten Weihnachtstag vollzogen.) Als wir zu der Taufhandlung aufbrachen, sprach der Knabe seine große Freude aus, daß er nun von seinen Sünden rein gewaschen werde. Vierzehn Tage nach der Taufe ist das eine Mädchen plötzlich an einer Lungenlähmung in Folge von Keuchhusten gestorben. Wie freute sich der betrübte Bruder, als er hörte, sie sei nun bei dem HErrn Christus, der sie in der Taufe angenommen, in seiner ewigen Herrlichkeit. — Kirche und Gottesacker sind also schon zu ihrem Zwecke eingeweiht." Löhe bemerkt in den „Kirchlichen Mittheilungen" dazu noch: „Bei der Taufe sangen Crämer und Flessa mit den Täuflingen indianische Lieder, und die ganze Festlichkeit soll von der Art gewesen sein, daß sich die Frankenmuther an den eigentlichen Zweck ihrer Ansiedlung kräftigst erinnert fühlten." Und in Bezug auf die heimgegangene Magdalena ruft er aus: „So hat doch die Indianermission von Frankenmuth bereits eine Seele hinübergerettet zu der unzählbaren Schaar der Auserwählten, welche aus allen Geschlechtern und Sprachen und Zungen vom Lamme Gottes erkauft sind. Dem HErrn ist es ein Kleines, größeren Segen zu schenken." Die erste Taufe und Leiche in Frankenmuth war dies übrigens nicht; schon waren einige Kinder von Gemeindegliedern getauft, als erstes Johann Pickelmann am 30. Juli 1846, und von Lorenz Lösel war ein acht Tage altes Kindlein am 28. August gestorben und zwei Tage später begraben worden.

Um diese Zeit hielt Cantor Flessa und nach ihm Cantor Pinkepank in Frankenmuth die Schule, welche in einigen

Stunden des Tages auch von den Indianerkindern besucht wurde. Die Schule war Missionar Crämers ganze Freude. Er berichtet darüber an die Leser des „Lutheraner": „Am liebsten mag ich euch von unserer hoffnungsvollen kleinen Pflanzschule erzählen, von den Indianerkindern, die uns in Unterricht gegeben sind, und deren wir nun (1848) bereits neunzehn getauft haben. Sind sie mir doch, als ich jüngst nach einmonatlicher Abwesenheit von der Synode zurückkam, mit so freudiger Hast und solch jubelndem Geschrei entgegengeeilt, daß ich sie mit neuer, frischer Liebe ans Herz schließen mußte, — und, was noch mehr ist, hat doch der HErr JEsus die Kinder, die zu ihm gebracht wurden, so lieb und sagt ausdrücklich: ‚Lasset die Kindlein zu mir kommen und wehret ihnen nicht, denn solcher ist das Reich Gottes.' — Wahrlich, wer jemals Gelegenheit gehabt hat, dergleichen kleine Wildlinge in ihren Wäldern zu beobachten, wie sie mit Schmutz bedeckt um die Hütten der Alten herumkriechen, mit durchbringendem Lärm die Luft erfüllen und beim Anblick eines Weißen wie scheue Rehe in das Dickicht flüchten, und fände ihrer zwanzig, die sauber gewaschen und gekämmt, ihre Blöße hinreichend bedeckt, des Morgens mit fröhlichen, gesunden Angesichtern zum Frühstück kommen und trotz jugendlicher Eßlust nicht eher zu Tische sitzen, als bis der Morgensegen und das Tischgebet gesprochen ist; — wer sie dann mit ihren Lese- und Schiefertafeln zuerst in unsere deutsche Schule eilen sähe und hörte, wie sie mit lauter Kehle in die deutschen Morgenlieder und in das Gebet mit einfallen, wie sie dann deutsch buchstabiren, lesen, schreiben, zählen lernen, hernach aber in den Religions- und englischen Unterricht kommen, da sie den kleinen lutherischen Katechismus in ihrer Muttersprache aufbeten und zwei- und dreisilbige englische Worte mit ziemlicher Geläufigkeit buchstabiren; — wer sie bei ihrer einfachen Mittagstafel so freudestrahlend sitzen sähe, und beobachtete sie Nachmittags in den Freistunden, wenn die Knaben mit Bogen und Pfeil auf die Vogeljagd gehen oder in die Wälder eilen, Beeren zu suchen, oder, während die Mädchen mit Nähen und Stricken beschäftigt sind, hin und wieder spielend angehalten werden, im Garten und auf dem Felde zu arbeiten; — wer des Abends ihr treuherziges „gute Nacht" mit anhörte, wenn sie beim Bettgehen einem jeden, auch Fremden, die anwesend sind, die Hand reichen; — wer einen Sonntag verlebte und sähe, wie die meisten von freien Stücken zuerst unsern deutschen Gottesdiensten beiwohnen und das Vater Unser und den Glauben mit uns beten, dann aber alle insgesammt bei ihren eigenen Gottesdiensten Lieder in indianischer Sprache singen, laut und andächtig mitbeten und die Lectionen aus dem ersten Buch Mose und den Evangelien aufmerksam anhören: — wer dies alles mit wohlwollenden Augen ansähe, der müßte sich wohl von Herzen darüber freuen und würde Gott danken, daß er uns gewürdigt hat, Werkzeuge seiner Barmherzigkeit an diesen armen Kindern zu sein."

Schon hatte Pastor Crämer die schwere Chippewasprache soweit bewältigt, daß er den Text der Hauptstücke des Kleinen Katechismus in diese Sprache hatte übertragen können.

Aber nicht nur bei den Schulkindern genoß der Missionar und die Gemeinde großes Vertrauen und Liebe, sondern auch die Alten erkannten mehr und mehr in den fränkischen Ansiedlern ihre wahren Freunde, die sie nicht berauben und verdrängen wollten, sondern es gut und ehrlich mit ihnen meinten. Daher sie denn auch je länger je mehr dem Missionar ein offenes Ohr entgegenbrachten.

Aber auch der Teufel ruhte nicht, sondern machte sich auf, als der starke Gewappnete seinen Palast zu bewahren. Die gottvergessenen, betrügerischen Indianerhändler suchten nicht nur die lutherische Mission auf alle Weise zu verdächtigen, sondern auch durch die handgreiflichsten Lügen und Drohungen die armen eingeschüchterten Kinder der Wildniß von Crämer abzuschrecken. Und dabei wurden sie unterstützt von den — methodistischen Missionaren, welche in die von Crämer besuchten Dörfer eindrangen, um auf ihre Weise die Leute zu belehren. Sie spiegelten ihnen allerlei irdische Vortheile vor, wenn sie sich zu ihnen halten wollten. „Wollt ihr das nicht", hieß es, „so kommen die Chimokomen (Langmesser, die englischen Soldaten) und bringen euch alle um." Ja, „man entblödete sich nicht, ihnen zu sagen, daß alle Indianer, die sich von den Lutheranern taufen ließen, von diesen nach England in die Sclaverei verkauft würden, eine Lüge freilich, die erst bei den gescheuchten Horden nicht ohne Eindruck blieb, die aber nachher zum Gespötte unter den Indianern wurde; denn einer unter jenen indianischen Zuhörern ging mit einer Truppe Indianer nach England, woselbst ein amerikanischer Showman sie ihre Kriegstänze aufführen ließ, und als er heimkam, erzählte er seinen Stammesgenossen, daß es in England gar keine Sclaven gebe, und weit entfernt, daß man dort Sclaven brauche, habe man vielmehr der Einwohner zuviel und lasse daher ihrer viele alljährlich übers große Wasser ziehen. Ebenso nahm man von dem schwarzen eisernen Crucifix auf dem interimistischen Altar in Frankenmuth, das zu seinen Füßen einen Todtenkopf und Schlange hatte als Symbol des am Kreuz durch Christum überwundenen Todes und Teufels, Anlaß, die Lutheraner als Anbeter der Schlangen und des Teufels zu schildern".

Daß solche Anfeindungen und Verleumdungen seitens der methodistischen Missionare nicht ohne Eindruck blieben, mußte der Missionar mit betrübtem Herzen erfahren. Einmal geschah es sogar, daß in einer Zeit vieler Krankheit in der Colonie die Schule sich immer mehr leerte, und dann die Indianer eine längere Abwesenheit des Missionars auf einer Missionsreise benutzten, die vorhandenen wenigen Kinder noch fortzuholen. Erst als am allgemeinen Zahltage der von der Regierung angestellte Indianeragent sich für Missionar Crämer aussprach und dabei erklärte, die Indianer könnten sich ungescheut an irgend eine Mission anschließen, wurde es anders, und die Schulkinder kamen wieder.

Weil nun aber die Gemeinde durch den Zuzug aus Deutschland immer stärker wurde, und das sich immer mehr ausdehnende Missionsgebiet die volle Arbeitskraft eines Mannes in Anspruch nahm, wandte sich Crämer an Löhe mit der Bitte um einen Mitarbeiter. Er erhielt einen solchen im Jahre 1847 von dem lutherischen Missionscollegium in Dresden zugesandt. Es war der nachherige Tamulenmissionar Eduard Baierlein. Er kam mit einem neuen Trupp fränkischer Einwanderer, welche unter Anführung ihres Pfarrers, Philipp Gräbner, mit der Absicht, eine zweite Colonie zu gründen, im Frühjahr 1847 im Saginawthal ankamen. Fünf Meilen nördlich und zwei Meilen westlich von Frankenmuth ließen sich dieselben nieder und gaben ihrer Ansieblung den Namen Frankentrost. „Denn", hatte Löhe gesagt, „nachdem die erste Einwanderung den Muth gehabt hatte, auf fremder, indianischer Scholle zu siedeln, sollen die Nachkommenden an diesen ihren Brüdern nun einen Trost haben und gewiß glauben, daß für sie der gleiche göttliche Segen und der gleiche göttliche Gnadenschatz aufgehoben sei." Einige der Neuankömmlinge ließen sich auch in Frankenmuth nieder, unter ihnen Dr. Koch aus Regensburg, dessen ärztliche Kunst bei den vielen Krankheiten der Pionierzeit im ganzen Saginawthal vielfach in Anspruch genommen werden mußte.

Für den neuen Missionar, dessen Thätigkeit nun ausschließlich der Mission gehören sollte, wurde sofort auf dem Missionsland ein Blockhaus errichtet, das eigentliche Missionshaus, dessen eine Hälfte er selbst mit seiner Frau bewohnte, während die andre Hälfte der Indianerschule diente. Mit Eifer legte sich Missionar Baierlein auf das Studium der Indianersprache, damit die Mission mehr und mehr der ungenügenden Hülfe der Dolmetscher entbehren könne. Deshalb blieb auch anfänglich der Schulunterricht hauptsächlich in Pastor Crämers Händen.

Aber bald trat eine Aenderung ein. Im August 1848 schrieb Pastor Crämer an den „Lutheraner": „Auch bei den alten Indianern gewinnen wir trotz der Bosheit unsrer Feinde immer mehr Eingang. Der beste und erfreulichste Beweis davon in neuerer Zeit ist der, daß der Häuptling am Pinefluß selber begehrt hat, wir möchten in seinem Dorf ein Schulhaus bauen und hinkommen, um dort an Ort und Stelle nicht bloß die Kinder seiner Bande, sondern auch die

Alten selbst zu unterrichten. Schon ist Missionar Baierlein mit dem Dolmetscher dahin abgegangen. Den ersten Sonntag, da er dort eine Zusammenkunft veranstaltete, um ihnen das Wort vom Kreuz zu predigen, zählte er an 70 Zuhörer." Der hier erwähnte Häuptling war Pemassikeh, der früher schon zehn Tage Crämers Gast gewesen war und, obwohl er in echt indianischer Gleichgültigkeit bei seiner Erklärung, sich nächstes Frühjahr taufen lassen zu wollen, Jahr für Jahr stehen blieb, als wäre es die unbeugsame Willenserklärung eines Großmoguls, doch eine ziemliche Kenntniß der heilsamen Lehre hatte und auch der lutherischen Mission bis an seinen Tod wohlwollend blieb.

Die neue Station „Bethanien", das ist, Haus der Armuth, war nun die Hauptstation geworden, und die Schule in Frankenmuth hatte die Kinder vom Pinefluß dahin abgegeben. Immer mehr zogen sich die Indianer in ihrem Nomadentrieb vom Caßfluß nach Norden zu, je mehr bei der zunehmenden Besiedelung die Weißen von ihren Jagdgründen Besitz ergriffen. Als im Jahre 1849 die Mission in Frankenmuth und Bethanien der Missourisynode übergeben wurde, erstere von Pfarrer Löhe, letztere von dem Collegium der evangelisch-lutherischen Mission zu Leipzig, finden wir für Frankenmuth folgenden halbjährigen Kostenanschlag: Lohn des Dolmetschers $150.00, Lohn einer Magd $12.00, Arzt $5.00, Beitrag zum Unterhalt von zehn bis zwölf Kindern, welche außerdem von der dortigen evangelisch-lutherischen Gemeinde unterstützt werden, $50.00. Bethanien begehrte für ein halbes Jahr: Beköstigung und Bekleidung für fünf bis sieben Knaben $100.00, für Missionsreisen $30.00, Lohn einer Magd $12.00, persönliche Bedürfnisse des Missionars $100.00.

Im Synobalbericht des Jahres 1851 wird die Aufhebung der Missionsstation in Frankenmuth mit folgenden Worten berichtet: „Da durch den Weggang des Pastor Crämer von dort die zur Erhaltung einer Missionsstation nöthigen Kräfte nicht mehr vorhanden waren, so haben wir den Willen Gottes erkannt, diese Station den andern Stationen beizugeben und sie als eine eigens für sich bestehende aufzulösen. Es ist nur die Familie des Indianerdoctors, der mit Sohn und Schwiegersohn auf dem bisherigen Missionsland wohnt, noch mit der Predigt zu bedienen; die Schule hatte sich schon zu Pastor Crämers Zeit von Monat zu Monat verringert und konnte füglich eingehen. Künftighin wird versucht werden, die ganze Familie zur Uebersiedelung nach einer andern Station zu vermögen, oder falls dieselbe nicht erfolgt, wollen die Missionare der andern Stationen sie, so oft es möglich ist, mit der Predigt des göttlichen Wortes versorgen. Das bisherige Frankenmuther Missionsland wird zur Deckung der außerordentlichen Bedürfnisse der andern Stationen verkauft werden, jedoch so, daß dem Indianerdoctor, solange er sich Gottes Wort gefallen läßt, sein Wohnplatz und Ackerfeld gewahrt bleibt."

Bethanien, die Tochterstation von Frankenmuth, schien um so mehr aufblühen zu wollen. Mußte der Nachfolger Baierleins, Missionar E. G. Mießler, auch manchmal klagen, daß es eher rückwärts als vorwärts gehen zu wollen scheine, so machte er doch auch gar manche liebliche Erfahrungen. Als nun aber die Indianer Michigans nach einem neuen Vertrag mit der Regierung in Isabella County eine gemeinschaftliche Reservation erhalten sollten, da ließen sich im Jahr 1859 auch die Indianer von Bethanien dazu bereden, ihren dortigen, von der Mission ihnen überlassenen Besitz aufzugeben und nach Isabella County zu ziehen, wo man ihnen alle möglichen irdischen Vortheile vorspiegelte. Und dort gelang es den eifrig arbeitenden Methodisten, sie vom Besuch der 25 Meilen entfernten Kirche in Bethanien zurückzuhalten, und mehr und mehr verfiel mit der Zeit auch diese Station.

Das Ergehen der beiden von der Michigansynode gegründeten und im Jahre 1850 von der Missourisynode übernommenen Stationen Sebewaing und Shebayonk gehört eigentlich nicht zur Geschichte Frankenmuths. Doch möchte kurz bemerkt sein, daß die erstere Station, nachdem Herr Missionar Auch Jahre lang vergeblich daselbst gearbeitet hatte, im Jahr 1852 ganz aufgegeben wurde, und nur noch einige Indianerkinder daselbst den Unterricht in der Gemeindeschule mit genossen. Von Shebayonk hören wir im Jahre 1853, daß daselbst das Heidenthum überwunden sei und eine blühende indianische Christengemeinde von Pastor Auch bedient werde. Aber schon im folgenden Jahr war Shebayonk abgefallen und ins Heidenthum wieder zurückgesunken!

Es ist ein beklagenswerthes Ende, welches diese mit so viel Eifer und Liebe und so großen Hoffnungen begonnene Mission genommen hat. Aber wir haben den Trost dabei, daß die Rettung einer einzigen Menschenseele mit allem Geld und Gut dieser Erde nicht aufgewogen werden kann. Und ganz leer ist doch auch hier Gottes Wort nicht zurückgekommen.

Das hiesige Kirchenbuch weist 31 von Pastor Crämer verrichtete Indianertaufen auf, 1851 wurden von Missionar Auch ein Kind, 1854 von Missionar Mießler zwei Kinder und im Jahre 1858 von Pastor Fürbringer ein Kind in der hiesigen Kirche getauft. Und auf dem Gottesacker liegen unter ihren weißen Brüdern und Schwestern auch etliche, wie wir hoffen dürfen, selig entschlafene Kinder Gottes aus den Indianern. Können wir nicht verstehen, warum Gott nicht mehr in die Augen fallenden Segen auf diese Arbeit gelegt hat, so wollen wir ihm von Herzen danken, daß er unsere Väter gewürdigt hat, auch den heidnischen Indianern das Evangelium zu predigen.

Pastor Crämers Wegberufung und Pastor Nöbbelens Amtsantritt.

An dem durch Pfarrer Löhe im Jahr 1846 ins Leben gerufenen practischen Seminar in Fort Wayne hatte Professor A. Wolter gewirkt, bis er am 31. August 1849 aus gesegneter Wirksamkeit durch den Tod gerissen wurde. Im Jahre 1847 war diese Anstalt unserer Synode übergeben worden. Als es an die Besetzung der vacanten Professur ging, wurde Herr Pastor Crämer als Candidat für dieselbe aufgestellt. Es geschah dies im März 1850. Aber sowohl Pastor Crämer als auch die Gemeinde konnte sich zuerst gar nicht darein finden, daß sein Wegzug von Frankenmuth Gottes Wille sein könne. Zwar waren ja die schweren Anfangszustände überwunden und die Gemeinde schön geordnet. Auch die Mission in Frankenmuth hatte aufgehört, eine eigene Kraft zu verlangen. Aber einmal war das Verhältniß zwischen Pastor und Gemeinde in der Zeit der fünf Jahre ein gar liebliches geworden, so daß man beiderseits eine Auflösung desselben für unmöglich hielt. Sodann war an den andern Missionsstationen der Dienst Crämers, den er dort durch Besuche willig leistete und um so besser leisten konnte, da er mit der Sprache der Indianer vertraut war, höchst erwünscht. Endlich traten gerade jetzt neue Schwierigkeiten in den fränkischen Colonien an den Tag, nämlich die Kämpfe mit Pfarrer Löhe, in denen Crämer fast unentbehrlich schien. Aber schließlich mußte doch Pastor und Gemeinde die große Wichtigkeit des neuen Arbeitsfeldes erkennen, und im Gehorsam gegen den Willen des HErrn der Kirche ließ die Gemeinde ihren geliebten Seelsorger ziehen. Am 24. November 1850 kam derselbe in Fort Wayne an. Die ganze Gemeinde hatte ihm unter Glockengeläute das Abschiedsgeleit bis Bridgeport gegeben, wo bei dem Anblick der vielen Thränen selbst verwilderten alten Ansiedlern das Herz weich und das Auge feucht wurde. Im siebenten Jahrgang des „Lutheraner" lesen wir folgende Notiz: „So groß, wie wir hören, die Betrübniß gewesen ist, mit welcher unser Crämer von seiner vormaligen Gemeinde zu Frankenmuth entlassen worden ist, so groß ist hingegen die Freude gewesen, mit welcher selbigen Lehrer und Studirende zu Fort Wayne aufgenommen haben. Wir zweifeln nicht, daß hiermit der barmherzige Gott die tiefe, gefährliche Wunde, welche der Anstalt zu Fort Wayne und somit unserer ganzen Kirche durch den Hintritt des seligen Wolter geschlagen worden war, wieder geheilt habe; möge nun Gott auch der lieben Frankenmuther Gemeinde, welche der allgemeinen Wohlfahrt der Kirche ein ihr so schweres Opfer in christlicher Willigkeit gebracht hat, den erfahrenen harten Verlust bald zu ihrem Troste ersetzen!"

Dies letztere geschah, freilich erst nach halbjähriger Wartezeit. Am 2. Mai 1851 zog Herr Pastor Karl August Wilhelm Nöbbelen, bisher in Liverpool, Medina Co., Ohio, in Frankenmuth ein, nachdem er unter dem 22. April den Beruf angenommen hatte. Er war von Haus aus Hannoveraner, am 13. Juli 1817 als dritter Sohn des Pastors in Föhrste bei Alfeld geboren. Als Candidat der Theologie faßte er den Entschluß, der Kirche in Amerika als Prediger zu dienen und reiste deshalb zu Pfarrer Löhe, von wo er elf Zöglinge in das practische Seminar nach Fort Wayne begleitete. Fünf Jahre war er in Liverpool als Pastor thätig gewesen und hatte sich daselbst am 21. Juli 1850 mit Katharina Schmid verehelicht. Nöbbelen war ein geistvoller Mann, ein Mann, der gerne und viel arbeitete. Ein unabläßiger Eifer für Gottes heiliges Reich beseelte ihn, wie eine innige zarte Liebe zu seinem Heiland und zu dem Amt, das ihm vertraut war. Professor Crämer nennt ihn mit Recht einen "Brautwerber Christi". Wie floß der Strom der Gedanken und Worte, wenn er in mächtig erschütternden Bußpredigten die frechen Sünder anfaßte, daß sie zusammenbrechend sich vor Gottes Zorn und Gericht fürchten lernten! Wie konnte er aber auch beweglich die unergründliche Liebe Gottes in Christo zur Sünderwelt ausmalen, den betrübten und erschrockenen Sündern den reichen, vollen, süßen Trost des Evangeliums vorhalten und sie zum Zugreifen an der Gnadentafel Gottes einladen! Wie die Angefochtenen trösten, die Matten aufrichten, die Trägen anfeuern! Der selige Professor Lange erzählte einmal, er habe bei Gelegenheit einer Synode in St. Louis ihn Vormittags in der Dreieinigkeitskirche über das Gleichniß vom großen Abendmahl predigen hören, und zwar so gewaltig und herzbewegend, daß er und andere Nachmittags die dortige Immanuelskirche besuchten, um dieselbe Predigt nochmals zu hören. Wie erstaunt waren sie, als Nöbbelen eine ganz andere, aber womöglich noch ergreifendere Predigt über denselben Text hielt. Bei dem Erblicken derselben Gesichter habe er, so erzählte er hernach, nichts mehr von dem gewußt, was er geschrieben habe. Auch die Predigten und andere Arbeiten von ihm, die im Druck erschienen sind, zeigen seine vorzügliche Predigtgabe. Es sind alles Ergüsse eines in der Liebe Christi brennenden und nach dem Heil der Zuhörer dürstenden Herzens und doch geflossen aus dem Text und laufend in den Schranken des Textes. So groß war bei Nöbbelen die Versenkung in den Inhalt des theuren Gotteswortes, so hoch der Gedankenflug bei der Ausbeutung desselben in seiner Anwendung auf besondere Verhältnisse, daß er darüber meist das rechte Maß, was die Dauer der Predigt und die körperliche Anstrengung bei seiner wankenden Gesundheit betraf, ganz vergaß. Ebenso unermüdlich war er auch im Unterrichten der Confirmanden. Mußten dieselben sich doch einem meist fünftägigen Examen vor versammelter Gemeinde unterwerfen, in welchem drei Stunden Vormittags und zwei Stunden Nachmittags der ganze Katechismus ausführlich durchgenommen wurde, damit die Gemeinde erkenne, die Confirmanden hätten wirklich die Lehre gefaßt. Auch bei der Aufnahme neuer Mitglieder wurde streng verfahren. Vor allem war Pastor Röbbelen ein gewaltiger Beter. Wenn bei vorfallenden Privatermahnungen alles keinen Eindruck auf die Herzen machen wollte, so pflegte er zum Gebete aufzufordern, und betete so herzbewegend, daß das in Gebetsform gefaßte Wort selten die Herzen unberührt ließ. Mit tiefer Bewegung gedenken noch einige eines Gebetes, welches sie ihn in der Stille seines Kämmerleins zu Gott thun hörten unmittelbar vor seinem Abschied von hier.

Pastor Röbbelen war leidend, als er nach Frankenmuth kam. In Briefen aus damaliger Zeit an seinen lieben Amtsnachbar und Gevattersmann, den seligen Pastor Ferdinand Sievers in Frankenlust, klagt er darüber, und doch redet er von seiner Körperschwäche wieder in so bescheidener und oft humorvoller Weise, daß man es kaum ein Klagen nennen darf. Um des Bleies in den Gliedern, der Schmerzen im Kopfe, des Druckes im Magen willen könne er seinem dürren Herzen kaum etwas des Schreibens werthes entwinden, schreibt er. Er deutet bei einer Hochzeitsgratulation sein Nichterscheinen dem Brautpaar als „das beste Omen, daß ich griesgrämiger, lebenssatter Mensch Ihre Hochzeitsfreude nicht störe".

Die Gemeinde wollte ihrem Pastor Erleichterung schaffen. Denn noch wurden die täglichen Metten und Vespern gehalten und an allen Sonn- und Festtagen zweimaliger Gottesdienst, an jedem Sonn- und Feiertag, auch in der Woche, Communion mit vorhergehender Privatbeichte. Im Jahre 1852 schreibt Cantor Pinkepank, daß man ernstliche Befürchtungen für Pastor Röbbelen hegen müsse; dieser aber wolle auf keine Vorschläge zur Erleichterung seines Amtes eingehen, wiewohl er es doch mit gutem Gewissen thun könne. Im folgenden Jahr wurden dann aber doch die täglichen Morgen- und Abendgottesdienste abgeschafft und an ihrer Stelle Mittwochs und Freitags ein Morgengottesdienst eingerichtet, auch die Feier der Aposteltage auf diese Tage verlegt. Sonst sollte am Mittwoch über einen Abschnitt aus dem Alten, am Freitag aus dem Neuen Testament geprebigt werden.

Im Winter 1852 wurde auch Einrichtung getroffen, daß die Sacristei, zumal der Privatbeichte wegen, geheizt werden konnte.

Schwere Kämpfe.

Die Gemeinde war von Anfang als eine streng auf den Bekenntnissen der lutherischen Kirche stehende ins Leben getreten. Ihr geistlicher Vater, Pfarrer Löhe, hatte, wie er selbst in den Bekenntnissen „nichts gefunden hatte, weder Großes noch Kleines, das dem Worte des HErrn widerspräche", so auch den Predigt- und Schulamtscandidaten das Versprechen abgenommen: „Sollte Ihnen, was Gott verhüte, einmal eine andere Ueberzeugung zu Theil werden, so werden Sie allen Ernst und Fleiß anwenden, der Wahrheit auf den Grund zu kommen, und Ihr lutherisches Predigtamt niederlegen, wenn Sie vergeblich gerungen haben, Ihre Uebereinstimmung mit unsrer Concordia wieder herzustellen." Ebenso hatte er auch zu den Abschied nehmenden Gemeindegliedern geredet, sowohl im Jahre 1845, wie 1846: Haltet an Luther fest, denn keiner hat wie er in dieser letzten Weltzeit die Wahrheit verkündigt. Und wenn ihr selbst hören solltet, daß ich von der rechten Lehre abgefallen wäre, so kehret euch nicht an mich, sondern bleibt unverrückt bei eurem

Concordienbuch. So hielten die Frankenmuther nicht nur mit dankbarer Liebe das Andenken Löhes hoch, sondern sahen auch in ihm einen mächtigen Zeugen wahren Lutherthums und einen großen Vorkämpfer der reinen Lehre.

Es läßt sich hiernach denken, welche Aufregung sich der Gemüther bemächtigte, als Pfarrer Löhe in der Beurtheilung der von der Gemeinde gutgeheißenen Synobalconstitution der neuentstandenen Synode vorwarf, „daß sie dem in Amerika grassirenden Freiheitsschwindel gewichen sei und die göttliche Würde des Predigtamts und den Segen eines gemeinsamen, geordneten Kirchenregiments aufopfernd, falsch democratischen Grundsätzen sich hingegeben habe". Zwar schrieb er noch im Jahre 1846, daß ihm „die Einigkeit auf Grund der Concordia von 1580 die Hauptsache" sei, und er deshalb auch mit Hintansetzung „seiner liebsten Gedanken in dieser Sache seine Freunde von aller geglaubten oder wahren Verbindlichkeit gegen ihn entbinde, damit sie volle Freiheit hätten, der Missourisynode beizutreten; er selbst würde, wäre er in Amerika, dies thun". Aber mehr und mehr stellte es sich heraus, daß es sich nicht bloß um verschiedene Ansichten über äußerliche Verfassungsfragen handelte, sondern daß dieser Verschiedenheit tiefgehende Lehrunterschiede zu Grunde lagen. Dies trat besonders an den Tag in den „Aphorismen über die neutestamentlichen Aemter und ihr Verhältniß zur Gemeinde", welche Löhe 1849 ausgehen ließ. Mit Bestürzung sah man, daß er in den Lehren von Kirche, Amt, Kirchengewalt, Kirchenordnung ꝛc. nicht mehr so stehe wie früher, ja daß er selbst an der Verbindlichkeit der symbolischen Bücher zu rütteln anfange.

Da briefliche Verhandlungen sich als erfolglos erwiesen, beschloß die Synode, Herrn Pastor Löhe einzuladen, nach Amerika zu kommen und in brüderlicher Weise die Lehrunterschiede zu besprechen. Denn mit Schmerz sah man die Möglichkeit eines tiefen und schweren Risses drohen und wollte alles thun, um die Einigkeit im Geist wieder herzustellen. Als der Synode im Jahre 1851 gemeldet werden mußte, es sei Pfarrer Löhe unmöglich, unserer Einladung zu entsprechen, wurde der einstimmige Beschluß gefaßt, eine Delegation nach Deutschland zu senden, um mit Löhe zu verhandeln und zugleich manch andern Vorurtheilen, welche draußen über unsere Synode verbreitet waren, entgegenzutreten. Professor C. F. W. Walther und Präses Wyneken waren die hierzu erwählten Delegaten. Aus ihrem im „Lutheraner" veröffentlichten Reisebericht sei hier einiges mitgetheilt, was auf ihre Zusammenkünfte mit Löhe Bezug hat. Am 7. October 1851 waren sie zum ersten Mal in Neuendettelsau. Walther schreibt von diesem Besuch: „Je entscheidungsvoller nach unserer innigsten Ueberzeugung der günstige oder ungünstige Erfolg dieses Besuches war, mit desto beklommenerem Herzen traten wir in dem Neuendettelsauer Pfarrhause ein. Die Herzlichkeit und edle Offenheit und Geradheit aber, mit welcher uns Herr Pastor Löhe sogleich entgegen kam, verscheuchte bald alle Beklommenheit aus unserm Herzen. Es währte nicht lange, so befanden wir uns in einer ebenso lebendigen als freundlichen Unterredung über die Lehrpunkte, über welche eine Differenz zwischen unserer Synode und Herrn Pastor Löhe zu Tage getreten war. Herr Katechet Bauer betheiligte sich auch an unserm Gespräch." Schon nach dieser ersten Verhandlung gab

Löhe als zehnte Nummer seiner „Kirchlichen Mittheilungen" ein Gedenkblatt in schöner Ausstattung heraus, in welchem ein Bericht über diesen Besuch mit den Worten schließt: „Lieben Brüder, für Euch und mit Euch gehen wir gern. Uns und Euch vereinige JEsus und sein Geist auf ewig! — Der HErr segne Euren Ausgang und Euren Eingang von nun an bis in ewige Zeiten! Amen." War man auch nicht zu völliger Einigkeit gekommen, so war man sich doch einander durch die mündliche Aussprache und die Hebung von Mißverständnissen näher gerückt. Auch weitere Besprechungen hatten keine in allen Lehrpunkten völlige Einhelligkeit zu ihrem Ergebniß. Doch konnte Professor Walther schreiben: „Wir müssen bekennen, wenn man auch bei gewissen Auseinandersetzungen Herrn Pastor Löhes in seinen Druckschriften, wo er von der Kirche spricht, wie sie gestaltet sein sollte, zuweilen stutzig wird und wohl auf den Gedanken kommen mag, als ob denselben bedenkliche Principien zu Grunde liegen: hört man den vortrefflichen Mann selbst, nicht nur, wenn er an heiliger Stätte mit glühender Beredtsamkeit alles mit sich fortreißt, sondern auch, wenn er im Privatgespräch in schlichter Rede seines Herzens Grund aufthut; lernt man überhaupt den Mann voll der edelsten Einfalt, Wahrheit, Milde und Demuth mit jener Hochhaltung jedes Kindes Gottes und jedes Guten, was er und wo er es findet, näher kennen: da schwinden alsbald alle Bedenken und man muß es sich sagen: hier ist kein Hauch von Priesterstolz zu erblicken, hier ist jene Demuth, die sich selbst vergißt und nur der Kirche, der ‚werthen Magd' und ihres Blutbräutigams gedenkt, hier herrscht Christi Geist, hier schlägt ein treues, lutherisches Herz."

Von dem letzten sechstägigen Aufenthalt in Neuendettelsau heißt es in dem Reisebericht: „Es würde uns zu weit führen, alles das Einzelne aufzuführen, was uns diesen längern Aufenthalt ebenso gewinnreich, wie genußreich gemacht hat. Wir erwähnen erstlich nur, daß uns durch den in diese Tage fallenden Sonntag und Wochenpredigttag noch einmal Gelegenheit wurde, den mit seltener geistlicher Beredtsamkeit begabten Mann wiederholt das Wort Gottes öffentlich seiner Gemeinde verkündigen zu hören und an der Weise uns zu ergötzen und zu lernen, wie derselbe auf Kanzel und an Altar die Liturgie practisch handhabt, von deren Geschichte und Bedeutung bis in jeden ihrer einzelnen Theile er bekanntlich der unstreitig größte Kenner in unsern Tagen ist. Sind wir nun auch, was die streitigen Lehrpunkte betrifft, auch während unsers diesmaligen Verweilens in dem Hause Herrn Pastor Löhes, mit demselben nicht bis auf jeden Ausdruck zum Abschluß gekommen, so können wir doch mit fröhlicher Zuversicht die lieben Leser schon jetzt versichern, daß eine Einigung in der Wahrheit und in der Liebe durch Gottes Huld und Gnade erzielt worden ist, die von größerem Werthe ist, als eine solche, die ihre Gewähr nur in einer von beiden Seiten geleisteten und von der einen durch Bestürmung der andern erlangte Unterschrift unter gewisse streng formulirte Sätze hat. Je wichtiger jedoch eine bis in die letzten Fasern der Lehrentwicklung gehende wahre Einigkeit und je gewisser eine solche nicht Menschen-, sondern allein Gotteswerk ist, desto unabläßiger und desto ernstlicher und brünstiger wolle doch der liebe christlutherische Leser Gott anrufen, daß er das angefangene Werk einer heiligen Concordia

(Einträchtigkeit) fördern und vollenden wolle zu seines Namens Ehre und seiner Kirche Heil und Segen hier und jenseit des Meeres."

Große Freude gab sich vor allem auch in Frankenmuth kund, als man von diesem erfreulichen Erfolg brüderlicher Bemühung um die Einigkeit der Kirche vernahm; als man wußte, man habe „an Löhe wieder den alten Fürbitter nicht nur vor Gott, sondern auch vor Menschen; das Band ist wieder fester und fester gezogen".

Als ein Mann der That wollte Löhe auch gleich ein Siegel auf die erneuerte Verbindung mit Missouri drücken, indem er in dem Pilgerhaus in Saginaw ein Lehrerseminar eröffnete. „So gehen denn Großmann", schrieb Löhe an Walther, „mit fünf Schülern nach Saginaw ab mit bestimmten Instructionen und der Weisung für Lehrer und Schüler, sich der Synode von Missouri möglichst innig anzuschließen." Man kam unsererseits der Sache eines solchen Seminars freundlich entgegen, hatte man doch schon längst den Mangel an wohlgeschulten Cantoren und Lehrern mancherorts bitter empfunden. Der Pastor von Saginaw, O. Clöter, unterrichtete auch eine Zeitlang in diesem Seminar.

Aber wie ganz anders kam alles gar bald! Der Director des Saginawer Lehrerseminars wollte sich der Missourisynode nicht anschließen. Die vierte Colonie, Frankenhilf, die im Jahre 1852 von Pastor Deindörfer gegründet wurde, wurde der kirchlichen Leitung der bayrischen Gesellschaft für innere Mission unterstellt. Ihr Pastor schloß sich der Synode gliedlich an, sprach aber bald darauf sein Bedauern aus, dies gethan zu haben. Die Aufforderung, mit ihren Brüdern in

Conferenzen zusammenzukommen, lehnten sie ab, weil die Lehrdifferenzen zwischen unserer Synode und Löhe nicht gehoben seien. Ja, unter dem 4. August 1853 sandte Löhe ein an Pastor Sievers abbressirtes, schwarzberändertes Schreiben an die Frankencolonien, seinen „Abschieds= und Sterbebrief", wie er es nannte, in welchem er „zwar nicht mit dem Herzen, aber mit der Hand von den Colonien Abschied nimmt". Und mit großer Eile wurde bald darauf das Seminar von Saginaw nach Jowa verlegt, und auch Pastor Deindörfer gab seinen Beruf in Frankenhilf auf und zog mit dorthin. Es entstand die Jowasynode, welche, um mit Löhe zu reden, der „amerikanisch=lutherischen" Missourisynode gegenüber das „deutsche Lutherthum" vertreten sollte. Fragt ein Leser, was dies sei, so erfährt man, daß die lutherischen Symbole nicht den Abschluß der Lehre enthalten, es noch viele offene Fragen, in welchen die Symbole nicht maßgebend seien, geben und die symbolischen Bücher nach der Schrift gelesen und vollendet werden sollen. Solche „offenen Fragen" seien die Lehre von Kirche und Amt, vom Kirchenregiment, vom tausendjährigen Reich, vom Antichrist und der ersten Auferstehung, vom Sonntag ꝛc. Mit einem solchen „Lutherthum" konnten und wollten wir uns nicht befreunden. So war der Bruch vollendet und an demselben nichts mehr zu heilen, zumal Löhe selbst immer mehr betonte, ein bibelgläubiges Christenthum sei wichtiger als ein bekenntnißtreues Lutherthum, als ob zwischen beiden ein Unterschied sein könnte!

Die Pietät, die persönliche Liebe gegen Pfarrer Löhe lebt heute noch in den Herzen der alten Frankenmuther, welche gerade diesem Mann viel zu verdanken haben. Man beklagt bitter den bedauerlichen Bruch und tröstet sich dabei mit dem Gedanken, daß bei dem theuren Manne Gottes durch Gottes Gnade das, was er an Holz, Heu, Stroh und Stoppeln auf den rechten Grund baute, eben weil er auf den rechten Grund, wie wir hoffen dürfen, baute, schließlich vom Feuer der Anfechtung verzehret ward, während er selbst selig wurde. Aber in der Gemeinde selbst gab es keine Parteiung, trotzdem der Kampf für lange Zeit heiß hin und her wogte; und auch die andern Colonien gingen aus dem Kampfe gestärkt und innerlich in der Wahrheit um so mehr geeinigt hervor.

Den Abschluß dieses Kampfes bildete eine Schrift von Pastor Röbbelen, welche er im Jahre 1854 nach. Deutschland zur Veröffentlichung gesandt hatte, und die im folgenden Jahr hier erschien: „Wie stehen wir zu Herrn Pfarrer Löhe?" In derselben weist er die Unhaltbarkeit des Vorwurfs, als hätten wir den Bruch herbeigeführt, nach, da ja nicht wir unsere, sondern Löhe seine Stellung geändert habe, oder vielmehr, da bei Löhe „das Samenkorn, das, so lange es sproßte, dem kundigen Auge zu einigen Bedenken Anlaß gegeben hat, an der Aehre kenntlicher" geworden sei. An einem Satze Löhes insonderheit zeigt er dessen Abweichung von dem Vorbild der reinen Lehre, nämlich an dem Satze: „Der Einen, durch alle Zeiten perennirenden Blume jüngster Blüthenstengel trieb vor drei Jahrhunderten, und nun eben harrt die Welt, die Blüthe dieses Stengels sich in voller Schönheit entfalten zu sehen." Demnach ist „1. nach Löhes Meinung die lutherische Kirche bisher unvollendet geblieben; 2. Löhe sucht die Vollendung derselben besonders im Cultus und in der Verfassung; 3. er verliert in Summa die Grenzen des Diesseits und Jenseits aus dem Auge". Wenn Röbbelen in dem Schluß dieser Schrift sagen darf: „Daß das einfältige Christenvolk uns Recht gibt und mit fröhlichem Geist die Anfechtungen überwindet, womit uns der Teufel niederhalten möchte", so zeigt auch dies nicht nur, wie schwer den Herzen dieser Kampf ankam, sondern auch, wie Gott seinem Wort zum Sieg verholfen hat.

Aeußeres Wachsthum der Gemeinde. Die zweite Kirche.

Während so die Gemeinde eine schwere Probe zu bestehen hatte, vergrößerte sie sich fortwährend durch neuen Zuzug aus der fränkischen Heimath. Waren es im Herbst 1846 einige über 100 Seelen, so finden wir im folgenden Jahr schon 153 Seelen, 48 stimmberechtigte Glieder, 25 Schulkinder aus der Gemeinde und 21 Indianerkinder, elf Taufen in der Gemeinde und zwölf Heidentaufen. Im Jahr 1848 waren es 203 Seelen und 60 stimmberechtigte Glieder, 1852 schon 345 Seelen und 93 stimmberechtigte Glieder mit 47 Schulkindern. Bei solchem Wachsthum der Gemeinde konnte die alte Blockkirche bald nicht mehr die Zuhörer fassen, und es mußte wieder gebaut werden. Schien auch bei der bittern Armuth der Allermeisten, zumal in dem theuern Jahr 1852, die Ausführung des Baues schier unmöglich, so wurden doch die Herzen willig, und im Herbst konnte fröhliche Kirchweihe gehalten werden. Es war ein Framegebäude, 74 Fuß lang, 40 Fuß breit, 24 Fuß hoch, einfach und ohne allen äußerlichen Schmuck; aber groß war die Freude und der Jubel, als am Michaelistage 1852 die beiden Glocken, die in einem kernfesten Glockenhaus vor der neuen Kirche untergebracht waren, die Gemeinde zur Feier der Einweihung luden. Professor Crämer war auf die herzliche Einladung der Gemeinde mit Freuden erschienen und gab dieser seiner Freude in der Weihprebigt beredten Ausdruck. Nachmittags predigte Pastor Möbbelen. Die neue Kirche stand nördlich von der alten Blockkirche, welche jetzt zur Schule hergerichtet wurde. Im folgenden Jahre wurde sie völlig ausgebaut und bekam auch einen Schornstein, so daß die Gemeinde, nachdem sie acht Jahre lang in ungeheiztem Raum ihre täglichen Gottesdienste gehalten hatte, jetzt ein erwärmtes Gotteshaus hatte.

Man glaubte für lange Zeit Raum geschafft zu haben. Aber bald hören wir schon wieder die Klage über Mangel an Raum, zumal auf der Frauenseite. Zählte doch im Jahre 1859 die Gemeinde 860 Seelen und hatte 186 stimmfähige Glieder. Die Anschaffung einer Orgel, die im Jahre 1859 in Erwägung gezogen wurde, unterblieb deshalb; man wollte erst die alten Schulden bezahlen und den nöthigen Anbau an der Kirche machen. Doch hinderte dies nicht, in derselben Versammlung den Beschluß zu fassen, in Zukunft alle Synodalberichte für das Archiv der Gemeinde anzuschaffen, wie auch gerade in jener Zeit ansehnliche Summen für auswärtige kirchliche Zwecke aufgebracht wurden. Auch wurde in dieser Zeit der erste Anfang zu regelmäßig wiederkehrenden Collecten für bestimmte außergemeindliche Bedürfnisse der Kirche gemacht. Doch sollte der Wunsch, eine Orgel zu besitzen, noch früher in Erfüllung gehen, als die Vergrößerung der Kirche ausgeführt wurde. Am 14. Juli 1861 wurde ein Contract mit dem Orgelbauer Fanser in Detroit abgeschlossen. Bald ließ die neuerbaute Orgel ihre Stimme zum Dienste des dreieinigen Gottes erklingen.

Aber auch die Vergrößerung der Kirche sollte bald vor sich gehen. An der östlichen Seite wurde eine Altarnische angebaut, in welche die damaligen jungen Leute ein schönes Rundfenster stifteten; Emporen wurden an den Seitenwänden angebracht und ein neuer Altar, Kanzel und Lesepult angeschafft. Dies geschah im Jahre 1864. Mit dem Bauen ging es aber fort. Im folgenden Jahr wurde das Pfarrhaus untermauert und zwei Schulhäuser gebaut, im Jahre darauf zwei Lehrerwohnungen. Doch davon später.

Bis zum Jahre 1854 war Herr Cantor Pinkepank der Lehrer der Gemeinde gewesen. Als derselbe von dem HErrn der Kirche in ein Pfarramt in Buffalo versetzt wurde, berief die Gemeinde den jetzt noch hier in der Arbeit stehenden Cantor S. Niebel von Eden, N. Y., einen Zögling des Saginawer Seminars, welcher am 13. August 1854 in sein Amt eingeführt wurde.

Eine schwere Heimsuchung hatte Gott der Gemeinde mit der zunehmenden Krankheit ihres lieben Pastors aufgelegt. Es trat mehr und mehr zu Tage, daß er an der Schwindsucht dahinsiechte. Die Ausrichtung seines Amtes, bei der er seiner selbst vergaß, wurde ihm sichtlich immer schwerer. Die Gemeinde berief daher den Candibaten J. A. Hügli zum Hülfsprediger. Dieser nahm den Beruf an und wurde am Himmelfahrtsfest, den 21. Mai 1857, als solcher ordinirt. Als jedoch die größere Ruhe, deren Pastor Röbbelen jetzt pflegen konnte, die gewünschte Besserung nicht herbeiführte, theilte derselbe am 20. September 1857 der Gemeinde seinen

Entschluß mit, sein Amt bei ihr niederzulegen, ob es vielleicht nach einer längeren Zeit völliger Ruhe und des Aufenthalts in dem milderen Clima Europas Gott gefallen wolle, ihm wenigstens soweit die Gesundheit wieder zu schenken, daß er in einem kleinen Wirkungskreis noch dienen könne. In der Versammlung vom 4. October 1857 willigte die Gemeinde schweren Herzens in das Scheiden ihres lieben Pastors. Gleich in derselben Versammlung beschloß sie, durch Professor Crämer, den allgemeinen Präses Wyneken und den Districtspräses Fürbringer sich passende Candidaten vorschlagen zu lassen.

Kurze Zeit darauf nahm Pastor Hügli den Beruf der Gemeinde in Saginaw an, wohin er vor Weihnachten 1857 übersiedelte.

Herr Pastor Röbbelen blieb den Winter über hier. Erst im Juli 1858 verließ er Frankenmuth. Die Gemeinde sandte ihren Cantor Riebel als Begleiter mit bis nach New York, wie sie auch nachher ihres ehemaligen Seelsorgers nicht nur in Liebe gedacht, sondern ihn auch mit ihren Gaben unterstützt hat, auch nach seinem Tod seine Frau und Kinder einlud, in ihrer Mitte ihre Heimath aufzuschlagen, was diese jedoch ablehnten. Röbbelens Hoffnung, in Deutschland wieder zu erstarken, sollte sich nicht erfüllen. Zwar flackerte das Lebenslicht einige Male noch recht hell auf, wie von draußen geschriebene Briefe zeigen, auch war er noch in verschiedener Weise thätig; aber seine irdische Hülle zerfiel mehr und mehr. Er starb am 20. September 1866 in Kandern, Baden, nachdem er seiner am Bett knieenden Frau zugerufen hatte: „Ich bin gekrönt! Ihr seid dem HErrn befohlen!" Sein Andenken bleibe unter uns im Segen!

Pastor Ottomar Fürbringer.

Der Mann, welcher der Gemeinde vorgeschlagen war, und den sie auch berufen hatte, war der damalige Präses des Nördlichen Districts unserer Synode, zu welchem auch Michigan gehörte, Pastor O. Fürbringer, in Freistadt und Kirchhayn, Wisconsin. Wenn die Gemeinde gehofft hatte, derselbe werde den Beruf in das weit größere Arbeitsfeld alsbald als einen göttlichen erkennen und annehmen, so hatte sie sich getäuscht. Schon durch die damaligen noch ungeregelten Postverhältnisse dauerte es einmal ein volles Vierteljahr, bis die Antwort auf einen Brief hierher kam. So zog sich die Vacanz lang hinaus. In einer Versammlung am 8. Juli 1858 wurde wieder eine abschlägige Antwort verlesen. Doch die Gemeinde konnte sich nicht überzeugen, daß sie von ihrer

Wahl abstehen solle, und erneuerte nochmals ihren Beruf. Als in den folgenden Wochen Professor Crämer einige Zeit hier verweilte, richtete dieser noch ein besonderes Schreiben nach Freistadt und schilderte darin die Gefahr, welche der Gemeinde von den Umtrieben der Methodisten und falscher Lutheraner drohe. Und siehe da: Gott lenkte die Herzen. Die Gemeinden gaben ihrem Pastor die friedliche Entlassung, als dieser einsah, er dürfe nicht länger widerstehen.

Bei dieser Anwesenheit Professor Crämers wurden an drei auf einander folgenden Abenden Versammlungen abgehalten, in welchen nicht nur wichtige Kirchenzuchtsfälle erlebigt, sondern auch beschlossen wurde, die alte Kirchenordnung, welche in vielen Stücken hatte geändert werden müssen und noch nicht völlig den Verhältnissen entsprach, zu beseitigen, damit nach Ankunft des neuen Pastors sofort auf Grund einer bewährten, aus Gottes Wort und dem lutherischen Bekenntniß geschöpften und aus dem hiesigen Gemeindeleben herausgewachsenen Constitution eine für die Gemeinde passende Ordnung berathen und angenommen werden könne.

Am vierzehnten Sonntag nach Trinitatis, den 5. September 1858, wurde Pastor Fürbringer durch Pastor Ferdinand Sievers von Frankenlust unter Assistenz der Pastoren Hügli und Eisfeller in sein Amt eingeführt. Die Gemeinde war sich dessen bewußt, welch reiche Gabe ihr von Gott in diesem Manne geschenkt war. Hatten doch schon diejenigen Glieder, welche als Deputirte an den Synodalversammlungen des Nördlichen Districts theilgenommen hatten, Gelegenheit gehabt, ihn kennen zu lernen. Mit großem Vertrauen und herzlicher Liebe kam ihm die Gemeinde entgegen. Auch im Hinblick darauf sagt er in dem nächstjährigen Präsidialbericht bei Erwähnung seiner Versetzung: „Dankbaren Herzens habe ich die Liebe, welche mir, einem so geringen Knechte, zu Theil geworden ist, zu rühmen."

Pastor Fürbringer war — so weit man das von Menschen sagen kann — in jeder Hinsicht ein ganzer Mann. Als er hier seinen Einzug hielt, stand er im neunundvierzigsten Lebensjahr. Neben gründlichem theologischen Wissen und einer sonstigen vielseitigen Bildung stand ihm auch eine reiche Amtserfahrung zu Gebote. Seine vorigen Gemeinden in Freistadt und Kirchhayn hatte er unter sehr schwierigen Verhältnissen übernommen; aber seine Gabe, „zu lehren und zu heilen", hatte sich dort nicht nur glänzend bewährt, sondern war durch stete Uebung in diesen Gemeinden wie in seinem Synodalamt noch gemehrt worden. War er in seinen Schriften schwer verständlich, theils wegen der hohen gelehrten Redeweise, theils wegen der gedrängten Gedankenfülle, so trat dieser Mangel in seinen mündlichen Vorträgen sowohl auf der Kanzel als in Gemeindeversammlungen und im Privatverkehr ganz zurück. Da war er für jedermann verständlich, und wer ihn nur regelmäßig und aufmerksam hörte, ging nie ohne reichen Gewinn davon. Er war in allen seinen Reden lehrhaft. Galt es, jemand von etwas zu überzeugen oder Streitigkeiten zu schlichten, so pflegte er erst auf die allgemeinen Grundsätze zurückzugehen, dieselben darzulegen, klar zu machen und mit Gottes Wort zu beweisen, dann deren Anwendung auf den betreffenden Fall zu zeigen, so daß jeder, der nur wollte, zur Klarheit kommen mußte.

Obwohl ihm sein cholerisches Temperament oft zu schaffen machte, und er, wo er Bosheit und Halsstarrigkeit sah oder vermuthete, gelegentlich derb und heftig dreinfuhr, so wird doch wieder an ihm die unermüdliche Gedulb gerühmt, mit der er oft bis tief in die Nacht hinein belehren und immer basselbe wiederholen und neue Beweise aufsuchen konnte, um einen Schwachen oder Unklaren zur Klarheit zu bringen. Daher gelang es ihm auch, insonderheit den Confirmanden eine reiche Erkenntniß der Lehre beizubringen und sie wider die mancherlei Anläufe auf die Lehre zu wappnen. Und in der Christenlehre folgte dann auch Frage und Antwort, alles exact und genau. Dabei kam ihm seine große allseitige Belesenheit, insonderheit seine seltene Kenntniß der Bibel, der symbolischen Bücher und der Schriften Luthers, sowie der Kirchengeschichte zu Hülfe.

In Gemeindeversammlungen pflegte Fürbringer erst lange andre hin und her reden zu lassen, während er ruhig da saß; dann, wenn der Knoten unauflöslich schien, oft erst wenn er speciell dazu aufgefordert wurde, erhob er sich, aber nicht etwa um mit einem Machtspruch den Knoten zu zerhauen, sondern er schlug seine Bibel auf, las einschlagende Stellen vor, redete kurz und schlagend zur Sache, und siehe, bald mußte die Gemeinde sagen: Der Pfarrer hat Recht! So stehet geschrieben! Hatte er etwas einmal als richtig und nothwendig erkannt, so stand er auch fest dabei und focht seine Sache ohne Ansehen der Person durch.

Eine besonders hervortretende Gabe Fürbringers war sein überaus treues Gedächtniß. Namen, Personen mit ihrer ganzen Eigenart, Reden, die gefallen waren, was er gelesen hatte und des Behaltens für werth hielt, das war in seinem Gedächtniß so frisch, daß es ihm trotz der großen Ueberladung mit der verschiedensten Arbeit zur gewünschten Zeit gegenwärtig war. So konnte er z. B. noch in hohem Alter bei der Confirmation von fünfzig und mehr Confirmanden die vollen Vor- und Zunamen mit dem Denkspruch eines jeden ohne ein Buch in der Hand zu halten nennen. Herr Lehrer F. Strieter erzählt mir, daß Pastor Fürbringer zwei Jahre vor seinem Tode, achtzig Jahre alt, mit Herrn Pastor Querl zusammengetroffen sei, den er sechzehn Jahre zuvor flüchtig kennen gelernt hatte und nun nicht nur sofort wieder erkannte, sondern auch anzugeben wußte, wann, wo und bei welcher Gelegenheit sie sich früher begegnet waren. — Beiläufig sei bemerkt, daß gerade unsere Gemeinde an das Namengedächtniß ihres Pastors große Anforderungen stellt, indem unter den 2250 Seelen nicht nur dieselben Familiennamen wiederkehren, weil alles eine große Verwandtschaft ist, sondern auch dieselben Vornamen sich finden, weil nach alter Sitte darauf gehalten wurde, daß die Täuflinge die Namen ihrer Pathen erhielten. So kommt es sogar vor, daß zwei oder drei Brüder oder Schwestern, abgesehen von den andern Verwandten, dieselben Vornamen haben. Sie helfen sich dann durch Umstellung derselben, durch Hinzufügung eines neuen Namens oder einer andern Bezeichnung. In solchen Fällen war die Auskunft Pastor Fürbringers jedesmal unanfechtbar. Er wußte die ursprünglichen Namen, die Veränderungen, die Beifügungen mit Genauigkeit und Sicherheit anzugeben.

Zu dem allen hatte Gott unserm Fürbringer auch eine treffliche Lebensgefährtin zur Seite gestellt, ein Muster von einer Pfarrfrau. Sie war eine geborene Bünger und in erster Ehe mit dem im Jahre 1841 in St. Louis verstorbenen Pastor Otto Hermann Walther verehelicht gewesen. Unter Gottes Regierung durfte auch sie an ihrem Theile beitragen zu dem, was ihren Gemahl zu einem „Großen in Israel" gemacht hat. Und in der Gemeinde erwies sie sich insonderheit den Armen, Kranken, Betrübten als eine liebreiche, sorgliche Mutter und gewann durch ihr liebenswürdiges, bescheidenes, demüthiges Wesen aller Herzen.

Fürbringer war die namentlich an Predigern oft sehr gesuchte Gabe der Geselligkeit nicht eigen. Er war eher ein Mann der Studirstube. Aber wer zu ihm kam, fand auch ein offenes Ohr und guten Rath bei ihm. Auch äußerlich war er eine edle, imponirende Erscheinung. Der ernste und doch milde Blick, die hohe gewölbte Stirn, der feste, entschlossene Mund, die Ruhe und Würde der Bewegungen verfehlten nicht, Eindruck zu machen.

Ist es nun zwar ein und dasselbe Wort, das als Gotteskraft zur Seligkeit sich beweist, von wem es immer verkündigt und bezeugt wird; ist es ein Werk der Gnade Gottes allein, wenn die Herzen diesem Worte sich beugen, und eine Gemeinde in der Erkenntniß und gottseligem Wesen zunimmt, vor Spaltung und Zertrennung aber bewahrt bleibt, so darf auf der andern Seite doch nicht übersehen werden, daß Gottes Gnade sich auch die Werkzeuge zubereitet und an ihren Ort stellt. Unter Gottes Regierung trägt gar oft die Persönlichkeit dessen, der das Wort verkündigt und zur Anwendung bringt, viel zu der von Gott gewollten und von ihm gesegneten Wirksamkeit desselben bei, wie diese auch mit Ursache werden kann, daß das Wort keine Aufnahme findet oder nur spärliche Frucht bringt. Deshalb glaubte ich auch eine genauere Schilderung des Mannes geben zu sollen, welcher über ein drittel Jahrhundert der Gemeinde Frankenmuth vorstand, unter dessen Amtsführung der Stamm und Kern der Gemeinde sich recht gebildet hat.

Der innere Ausbau der Gemeinde.

Das, was bei der Geschichte einer Gemeinde jedem Christen vor allem wissenswerth erscheint, ist der Erfolg, den das Wort Gottes gehabt hat. Der vornehmste Schmuck einer Gemeinde ist nicht ihre äußere Machtentfaltung, nicht die große Zahl ihrer Glieder, noch deren Reichthum und Ansehen in der Welt, nicht die Menge, Größe und Schönheit ihrer gottesdienstlichen und andern Zwecken dienenden Gebäude. Alles dies kann blendend in die Augen fallen und doch täuschen. Die Frage ist: Wie steht die Gemeinde zu Gottes Wort? Hält sie treulich daran fest in Lehre und Praxis mit Abweisung jeglichen, auch des geringsten Irrthums und Aergernisses? Kann man auch über ihr, wie der Apostel bei der Corinthischen Gemeinde trotz aller in ihr vorgekommenen Aergernissen thut, „Gott danken für die Gnade, die ihr gegeben ist in Christo JEsu, daß sie ist an allen Stücken reich gemacht, an aller Lehre und in aller Erkenntniß, daß die Predigt von Christo in ihr kräftig geworden ist"?

Wir haben oben gehört, daß der eigentliche Grund, warum die Ansiedler der ersten Jahre sich hier niederließen, die För=

berung der Mission unter den heidnischen Indianern war. Als dann mit dem Wechsel der Verhältnisse die Missionsarbeit der Gemeinde in den Hintergrund trat, die Einwanderung aber fortdauerte, waren die Einwanderer doch zum größten Theil Leute, welche hier eine Kirche und Schule reinen Bekenntnisses suchten. Zwar war bei vielen, wie das ja nicht anders sein konnte, in manchem Punkte der Lehre viel Unklarheit, vor allem pietistischer Sauerteig und ein gesetzliches Wesen. Aber darin waren sie einig, daß sie die Schrift für Gottes geoffenbartes Wort erkannten, dem man sich in allen Fragen der Lehre und des Lebens als dem unfehlbaren Richter beugen müsse, und daß der Mensch nur durch den Glauben an JEsum Christum selig werden könne. In der Kirche Gottes auf Erden ist jedoch jederzeit dem Weizen auch Unkraut beigemischt. So auch hier. Nicht nur, daß auch solche hierherzogen, die das Bekenntniß des Glaubens wohl auf den Lippen, nicht aber im Herzen trugen, sondern es fanden sich auch in der Gemeinde je und je solche, die durch Schwachheit des Fleisches und List des Teufels betrogen, der Wahrheit nicht gehorsam waren und in hartnäckigem Sinn der Gemeinde endlich den Rücken kehrten. Dazu ist es ja die Klage aller Christen, daß das Fleisch träge ist und unter die Zucht des Geistes nur mit Widerwillen sich beugt. Auch die hiesige Gemeinde mußte oft mit tiefem Schmerz die Erfahrung machen, daß die Kirche auf Erden eine streitende ist, und mit Teufel, Welt und Fleisch in stetem unversöhnlichem Kampfe liegen muß.

Und die Mittel, mit denen wir solchen Kampf zu führen haben, sind nicht weltlicher Art. Eine Gemeinde hat kein

Recht, Gesetze zu machen und Maßregeln zu erlassen, denen ihre Glieder sich um des Gewissens willen unterwerfen müssen. Sie hat nur die Gewalt des Wortes. Dieses zu predigen und bei ihren Gliedern zur Geltung zu bringen, ist ihre Aufgabe. So wenig die Kirche etwas dulden oder erlauben kann, was Gott in seinem Wort verboten hat, so wenig kann sie über Gottes Wort hinaus etwas gebieten oder verbieten, was Gott frei gelassen hat. Sie würde auch die von Gott ihr aufgetragene Aufgabe damit nie erfüllen. Denn was ist damit gedient, daß ihre Glieder sich äußerlich unter gewisse Ordnungen, seien es noch so schöne und köstliche, fügen? Das Ziel der Arbeit einer Gemeinde muß sein, daß ihre Glieder als arme bußfertige Sünder mit dem Zöllner zur Gnade Gottes in Christo sich wenden und dessen Verdienst im Glauben ergreifen. Hierzu ist aber das Wort Gottes, Gesetz und Evangelium, beide in rechter Scheidung und Verbindung, das einzige, aber auch völlig ausreichende Mittel. Diese Gedanken waren es, welche die Gemeinde gleich in der ersten Zeit der Amtswirksamkeit Pastor Fürbringers bei der Berathung und Annahme der neuen Gemeindeordnung zu lernen und zu bethätigen hatte.

Das Wort Gottes, als das einzige Mittel zum Aufbau einer Gemeinde, wurde reichlich verkündigt und gehört. Zwar fiel bei der immer größeren Ausdehnung der Gemeinde auch der Freitagsgottesdienst, aber die Mittwochskirche besteht heute noch. In den Wochengottesdiensten hat Pastor Fürbringer nach und nach fast die ganze Bibel durchgepredigt. An den Sonntag-Nachmittagen wechselt Katechismuspredigt und Christenlehre ab; bei letzterer war früher die Ordnung, daß die Jünglinge bis zum einundzwanzigsten Jahr, die Mädchen bis zum achtzehnten Jahr dieselbe besuchten; später wurde für beide Geschlechter das achtzehnte Jahr als die Zeit festgesetzt, bis zu welcher die Jugend zu antworten habe. Am Samstag-Nachmittag war Privatbeichte, wie dieselbe auch in ausschließlichem Gebrauche blieb bis zum Jahr 1893, trotzdem dem Verlangen, neben der Privatbeichte auch die allgemeine Beichte einzurichten, von Einzelnen öfter Ausdruck gegeben wurde. Seit 1893 ist am ersten Sonntag jeden Monats allgemeine Beichte, sonst Privatbeichte. In den Gemeindeversammlungen wurden im Lauf der Jahre fast alle wichtigen Glaubenslehren besprochen und aus Gottes Wort begründet, Fragen gestellt und beantwortet und Einwürfe widerlegt. Kaum eine Irrlehre oder wichtige Zeitfrage beunruhigte die Kirche, welche nicht in den Versammlungen Berücksichtigung und Beleuchtung mit Gottes Wort gefunden hätte. In ihrem Archiv besitzt die Gemeinde einen Schatz von Broschüren, die Geschichte unserer Synode betreffend, neben allen Synodalberichten; auch ist beschlossen, die St. Louiser Lutherausgabe anzuschaffen. Aber die Gemeindeglieder begnügten sich damit nicht. Die Ermahnungen, das Wort Gottes auch in den Häusern fleißig wohnen zu lassen, worauf gleich vom ersten Anfang an gedrungen wurde, fielen bei vielen auf einen guten Ort, und es wurde nicht bloß Hausgottesdienst gehalten, sondern auch sonst viel, gern und mit Verständniß gelesen. In manchen Häusern findet sich eine recht hübsche Bibliothek von Erbauungs- und andern Büchern. In Luthers Schriften, Walthers Pastorale und „Rechte Gestalt" sind manche wohlbeschlagen. Auch werden die Synobalblätter, „Lutheraner", „Lehre und Wehre", „Schulblatt", Synodalberichte, „Missionstaube", „Kinderblatt", „Kranken- und Waisenfreund", „Deutsche Freikirche" in einer ganz stattlichen Anzahl von Exemplaren gelesen. Wenn wir davon reden, so verhehlen wir uns freilich nicht, daß auch hier mit dem Ermahnen nicht nachgelassen werden darf, daß wir auch in diesem Stück immer völliger werden müssen. Aber das muß zu Gottes Ehre auch gesagt werden: es war eines der großen Verdienste des seligen Fürbringer, daß er durch seine steten Lehrpredigten nicht nur eine gründliche Kenntniß der reinen Lehre, sondern auch Geschmack an den Schriften unserer Kirchenlehrer und einen regen Eifer, in der Erkenntniß zu wachsen, weckte.

Die Frucht davon ist auch nicht ausgeblieben. Es wurden Männer herangebildet, welche ihr Vorsteheramt, fern von dünkelhafter Aufgeblasenheit, mit Demuth und Bescheidenheit, aber doch ebenso mit heiligem Eifer für Gottes Ehre und Wort und das Heil der Kirche, wie mit gutem Geschick und besonnenem Urtheil verwalten konnten. In Gemeindeversammlungen und sonst ist es oft eine Lust, zumal die Alten reden, und was sie gelesen haben, zur Geltung bringen zu hören. Da ist nichts Oberflächliches, sondern Gediegenes. Einen dieser Alten, den im Jahr 1890 verstorbenen Joh. Bierlein, hatte Dr. Walther einmal den „Laientheologen" genannt. Als Fürbringer gefragt wurde, ob ihm dies bekannt sei, antwortete er: Ja, und Bierlein verdient diesen Namen. Denn so wie er wird nicht leicht ein zweiter Laie in Luthers Schriften und in den Publicationen unserer Synode zu Hause sein. Wenn ich z. B. irgend etwas im „Lutheraner" oder

„Lehre und Wehre" nicht finde, frage ich nur ihn, er weiß mir meist nicht nur den Inhalt der betreffenden Stelle, sondern auch Jahrgang und Seite anzugeben, wo es steht.

Aus diesem Eifer für die Lehre der lutherischen Kirche floß es auch, wenn die Gemeinde an den Gedenktagen dieser Kirche nicht nur die Gräber der Propheten schmückte, sondern auch auf ihre Worte merkte. So wurden gefeiert und durch verschiedene Stiftungen dem Gedächtniß der Nachwelt überliefert: der 300jährige Gedenktag des Augsburger Religionsfriedens 1855, das 350jährige Jubelfest der Reformation 1867, das 300jährige Jubelfest der Concordienformel 1877, das 350jährige Jubiläum der Augsburgischen Confession und 300jährige Jubiläum der Concordia 1880 und der 400jährige Geburtstag Dr. Martin Luthers 1883.

Aber das wäre offenbar verkehrt, wenn eine Gemeinde sich damit begnügte, daß ihre Glieder nur recht beschlagen wären in der Erkenntniß der reinen Lehre und belesen in den Schriften der Kirchenlehrer. Rechte Erkenntniß darf keine todte Verstandeserkenntniß, sondern muß lebendig und kräftig sein. Aus der christlichen Lehre fließen Ströme des Lebens, die ihre Lebenskraft im Leben und Wandel der Christen beweisen. Auch hierin hat Gottes Gnade die Gemeinde reich gemacht. Zwar fehlte es nicht an Sündenfällen und Aergernissen, zuweilen leider recht grober Art; aber es wurde dann auch dagegen allen Ernstes gezeugt und nicht eher geruht, als bis dieselben durch ein bußfertiges Bekenntniß abgethan waren. Zwar fand sich nie bei allen Gliedern weder der gleiche Grad der Erkenntniß, noch der gleiche Ernst und Eifer im Kampf gegen die Versuchungen des Teufels, der Welt und des

Fleisches und im Nachjagen der Heiligung; aber so sehr die Gemeinde Geduld bewies im Tragen derjenigen, die man noch für Christen, wenn auch für schwache Christen, halten konnte, so hat sie doch solche, die als muthwillige Verächter aller Ermahnungen des Wortes Gottes sich offenbarten, von sich ausgeschieden. Zwar suchte fort und fort das Weltwesen und ein leichtsinniger Geist einzubringen und zur Herrschaft zu kommen; aber die Gemeinde drang auch stets darauf, daß die Grenzlinie zwischen Welt und Kirche scharf gezogen und festgehalten wurde. So finden wir in den Protokollen auch viele practische Fragen abgehandelt und mit Bezug auf besondere Gefahren Beschlüsse gefaßt, was die Gemeinde dulden und was sie nicht dulden könne. Nicht zwar der Meinung, als ob sie sich habe anmaßen wollen, aus eigener Machtvollkommenheit ihren Gliedern Gesetze zu geben, sondern solche Beschlüsse wollen nur ein Bekenntniß dessen sein, was der Gemeinde bei der Besprechung eines besondern Falles aus Gottes Wort klar geworden ist, und wobei sie denn auch durch Gottes Gnade stehen zu bleiben gedenkt.

Auch in mancherlei guten Werken hat Gott die Gemeinde reich gemacht. Es darf dabei daran erinnert werden, daß die Gemeinde stets Eifer gezeigt hat für den Bau des Reiches Gottes auch anderwärts und daher, neben siebzehn regelmäßigen jährlichen Collecten für auswärtige Zwecke, auch willig besondern Bittgesuchen Berücksichtigung gewährt. Schon im Jahr 1852 nahm Professor Crämer fünf Jünglinge auf das Fort Wayner Seminar mit, und diesen sind eine ganze Anzahl anderer gefolgt, so daß jetzt in verschiedenen Staaten der Union Frankenmuther Kinder in gesegneter Arbeit an Kirche

und Schule stehen, von denen manche während ihrer Studien=
zeit ganz oder theilweise von der Gemeinde erhalten wurden.
Mit Freuden hat die Gemeinde bei Synoden und Conferenzen
Gastfreundschaft geübt.

Auch für die Armen in der Gemeinde ist je und je nach
Bedürfniß gesorgt worden. Als im Krieg der damals fast
nur von Gemeindegliedern bewohnte Town die ihm zukom=
mende Zahl für den Kriegsdienst stellen sollte, ließen sich frei=
willig ledige Männer genug finden, die erforderliche Quota
zu stellen, so daß keine Hausväter ihren Familien entrissen zu
werden brauchten. So wurde auch die Liebe geübt und zu
ihren Erweisungen ermahnt. Freilich wenn wir von dem
reden, was wir gethan, und wie wir gewachsen sind, so kann
das nur mit der tiefsten Beschämung geschehen. Denn wir
müssen uns nicht nur vieler und großer Untreue anklagen,
sondern auch bekennen, daß das Gute an dem, was wir wirk=
lich Gutes gethan haben, Gottes Gnade allein gewirkt hat.
So heißt's hier erst recht: „Nicht uns, HErr, nicht uns, son=
dern deinem Namen gib Ehre, um deine Gnade und Wahrheit!
Wir aber sind zu gering aller Barmherzigkeit und aller Treue,
die du an deinen Knechten gethan hast."

Die Errichtung der neuen Kirche.

War schon im Jahr 1863 von einer Theilung der Ge=
meinde die Rede, so wurde eine solche, als auch in der ver=
größerten Kirche der Raum knapp zu werden anfing, immer
öfter in Vorschlag gebracht, zumal die Grenzen der Gemeinde,
namentlich nach Süden und Osten hin, immer weiter sich

ausdehnten. Davon stand man jedoch nach wiederholter Berathung gänzlich ab. Auch der Plan, an der Kirche anzubauen, wurde verworfen und schließlich die Errichtung eines Neubaus beschlossen. Ein Plan des Architecten Griese fand die Billigung der Gemeinde. Nach demselben sollte die Kirche in gothischem Stile aufgeführt werden, ein Mittelschiff und zwei Seitenschiffe haben, über welch letzteren sich Emporen durch die Länge der Kirche ziehen. Drei Thüren führen in eine geräumige Vorhalle, die mit in Mosaik gehaltenen Steinfließen belegt ist. Ueber dem mittlern Theil der Vorhalle erhebt sich der 168 Fuß hohe schlanke Thurm. Die Länge der Kirche mißt 126, die Breite 63 Fuß. Sechs Fenster an den Längenseiten und drei in der Altarnische, alle mit Spitzbogen und verschiedenen kirchlichen Emblemen aus farbigem Glas, spenden das nöthige Licht. Zu beiden Seiten des Altarchors sind geräumige Sacristeien. Unter der ganzen Kirche zieht sich ein Keller hin, in dem sich Vorrichtungen für Luftheizung und Ventilation finden. Diese neue Kirche sollte auf der nördlichen Seite der Straße gebaut werden, neben dem zweiten Pfarrhaus, an der Stelle, wo Cantor Riebels Haus gestanden hatte.

In der letzten Versammlung des Jahres 1878 wurde beschlossen, innerhalb der nächsten beiden Sommer die Kirche zu bauen. Die nöthige Bausumme war zum großen Theil gezeichnet, als man im Frühjahr 1879 im Namen Gottes ans Werk ging. Am 10. August konnte der Grundstein gelegt werden, und in feierlicher Weise wurde dieser Act vollzogen. Pastor Ahner von Frankentrost hatte Vormittags mit Beziehung darauf über die Worte: „Eins ist noth" gepredigt.

Am Nachmittag versammelte sich die Gemeinde mit den zahl=
reich anwesenden Gästen in der alten Kirche und zog von da
paarweise zum Platz der Grundsteinlegung, voran die Pasto=
ren, dann die Lehrer, Vorsteher, Trustees, das Baucommittee
mit dem Architecten Griese und Maurermeister Hemmeter
und die übrigen Anwesenden. Mit dem Lied „Gott der Vater
wohn uns bei" wurde die Feier eröffnet. Zuerst las Herr
Pastor F. Sievers von Frankenlust eine kurze Geschichte der
Gemeinde, welche nachher in den Grundstein gelegt wurde.
Er begann mit den Worten: „Die Stätte, wo heute der
Grund zu einer neuen Kirche gelegt wird, ist eine Stätte
ernster Erinnerung; ja, wir können sagen, der Boden, da
wir auf stehen, ist heiliges Land, heilig durch das Gedächtniß
dessen, was Gott an uns gethan hat." Nach dem Gesang des
Liedes „Ein feste Burg ist unser Gott" legte Pastor Sievers
in den Grundstein das Concordienbuch, Dietrichs Katechis=
mus, ein Gesangbuch, die Liste der Gemeindeglieder, einen
amerikanischen lutherischen Kalender des Jahres, einen Be=
richt über die Grundsteinlegungsfeier mit der obengenannten
Geschichte der Gemeinde und eine Nummer des „Lutheraner"
vom 15. Juli 1879, jedesmal die Einlegung mit entsprechen=
den Worten begleitend. Nachdem der Deckel des Grundsteins
eingefügt war, that zuerst Pastor Fürbringer drei Hammer=
schläge mit den Worten: „Drei sind, die da zeugen im Him=
mel, der Vater, das Wort und der Heilige Geist, und diese
drei sind Eins"; ihm folgte Pastor Ahner mit drei Hammer=
schlägen und den Worten: „Sie ist festgegründet auf den hei=
ligen Bergen. Der HErr liebet die Thore Zions über alle
Wohnungen Jakobs"; Pastor Sievers begleitete seine drei

Schläge mit den Worten: „Einen andern Grund kann niemand legen, außer dem, der gelegt ist, welcher ist JEsus Christ." In einem Schlußwort ermahnte Pastor Sievers zum einmüthigen und eifrigen Zusammenwirken, damit das Werk wohl ausgeführt werde, und nachdem der Student der Theologie, J. J. Trinklein, von hier eine Ansprache an die Gäste englischer Zunge gehalten hatte, schloß die schöne Feier mit Gebet und Gesang.

An diesem Tage wurde auch eines andern Ereignisses gedacht, daß nämlich gerade 25 Jahre verflossen waren, seit Herr Cantor Riedel in der Gemeinde sein Amt angetreten hatte. „Wir haben", sagte Pastor Sievers, „heute als am Tage seines Amtsjubiläums eine schöne Aufforderung, dem HErrn zu danken, daß er ihm in Gnaden Kraft geschenkt hat und Weisheit, 25 Jahre lang in ungeschwächter Gesundheit seinem köstlichen Cantor- und Lehreramte vorzustehen."

Ohne Unfall erhob sich in den folgenden Monaten der Bau und konnte vor Einbruch des Winters unter Dach gebracht werden. Mittlerweile war es auch gelungen, Unterschriften zu sammeln für eine neue große Orgel mit neunzehn klingenden Registern und für zwei neue Glocken, welche mit den beiden alten zusammengestimmt werden sollten.

Am 26. und 27. September 1880 fand die Einweihung der neuen Kirche statt. Nach einem Zeichen mit einer Glocke begann ein kurzer Abschiedsgottesdienst in der alten Kirche, wobei das Lied „Es wollt uns Gott genädig sein" gesungen und von Pastor Fürbringer ein Gebet gesprochen wurde. Dann ertönten die vier Glocken, und die Posaunenchöre von Frankenmuth und Frankenlust begrüßten den Zug, der sich

von der alten zur neuen Kirche bewegte und von den beiden eingeladenen Festpredigern, Professor Crämer von Springfield und Professor Crull von Fort Wayne, dem Pastor und den Lehrern der Gemeinde geführt wurde. Die Kirchengeräthe wurden von den Vorstehern getragen. Nach einem gemeinschaftlichen Gesang des hiesigen und der eingeladenen Singchöre und einigen Worten Pastor Fürbringers öffnete der Schreinermeister Kaiser die Thüre, und bald war die Kirche bis auf den letzten Platz gefüllt. Professor Crämer predigte über das Kirchweih=Evangelium, Luc. 19, 1—10. Eingehend auf die Geschichte der Gemeinde pries er die erbarmende Liebe des durch Wort und Sacrament auch in das neue Kirchenhaus einziehenden Heilandes als die Quelle aller bisherigen Segnungen, und zeigte, wie nun auch die Gemeinde brennen solle vor Begier, ihn und sein Heil immer besser, tiefer und gründlicher zu erkennen und immer williger aufzunehmen, wie sie darum fleißig zu diesem Hause eilen solle, da er im Wort und Sacrament einkehrt, und wie sie ihren Glauben an die erbarmende Liebe des Heilandes durch die Früchte des Geistes und der Gerechtigkeit beweisen solle. Am Nachmittag war auf Wunsch der englischen Nachbarn in Tuscola, Bridgeport und Birch Run ein englischer Gottesdienst veranstaltet worden, in welchem Herr Professor Crull predigte. Es wird erzählt, daß ein alter Amerikaner, der seit Jahren keine Predigt mehr gehört hatte, durch diese Predigt zu Thränen gerührt worden sei. Er starb noch in derselben Woche. Leider regnete es an diesem Nachmittag so stark, daß der Festprediger des zweiten Tages, der alte Pastor Sievers, seine bereits angetretene Reise aufgeben mußte. Herr Pastor J. Schmidt von Saginaw vertrat seine Stelle.

Die Kirche, obwohl groß und mit Leichtigkeit 1300 Menschen fassend, war bei all diesen Gottesdiensten drückend voll. Und jetzt nach fünfzehn Jahren freuen wir uns, daß damals die Kirche nicht kleiner gebaut wurde. Denn schon müssen oft an gewöhnlichen Sonntagen, namentlich aber an den Festtagen, Stühle gesetzt werden, für welche die breiten Gänge Raum bieten.

Die alte Orgel wurde der Gemeinde in Frankenhilf verkauft; der Altar, die Kanzel und das Lesepult dagegen in die neue Kirche herübergenommen. Taufstein, Liedertafeln und Klingelbeutel bekam die Gemeinde in Monitor. Ein neuer Taufstein war von einem Gemeindeglied gestiftet. Drei Kronleuchter und der Teppich in der Altarnische, wie auch eine neue Altar- und Kanzelbekleidung sind ein Geschenk der Frauen und Jungfrauen der Gemeinde. Im Frühjahr 1881 wurde die alte Blockkirche, welche, seit sie nicht mehr als Schule diente, zum Confirmandenunterricht benutzt worden war, und die Framekirche abgetragen.

Die Erweiterung des Schulwesens.

Im Jahr 1855 hatte Cantor Riebel achtzig Schulkinder, und mehr und mehr Kinder wuchsen von da an in das schulpflichtige Alter hinein. Als im Jahr 1858 nach Pastor Röbbelens Abreise Professor Crämer die Gemeinde besuchte, rieth er, neben der Gemeindeschule eine englische Districtsschule zu errichten, die, von einem christlichen Mann geleitet, mit der

Gemeindeschule Hand in Hand arbeiten sollte. Die Unterweisung in Gottes Wort und die christliche Zucht müsse stets die Hauptsache sein, aber christliche Eltern sehen auch darauf, daß ihre Kinder einen in jeder Hinsicht möglichst vollkommenen Schulunterricht erhalten. Es wurde deshalb auch schon damals die Regel aufgestellt, daß Kinder nicht vor dem vierzehnten Jahr confirmirt werden sollen.

So berief denn die Gemeinde am 17. October 1858 Herrn Carl Pfeiffer als Districtsschullehrer mit dem Bemerken, daß sie ihn, weil alle Bürger Gemeindeglieder seien, als Lehrer der Gemeinde ansehen und halten wolle. Er nahm den Beruf an und traf im December desselben Jahres hier ein. Er hielt Schule eine Meile östlich von der Kirche und wohnte in dem alten Pfarrhaus, da im Sommer zuvor ein neues erbaut worden war. Im Jahre 1861 wurde eine Meile westlich von der Kirche eine Schule eröffnet, welche Herr Lehrer Pfeiffer drei Jahre lang neben seiner bisherigen Schule versah, indem er abwechselnd in beiden unterrichtete. Dann wurde er ganz an die Schule dieses westlichen Districts versetzt und blieb daselbst, bis er am 7. März 1886 seines vorgerückten Alters halben sein Amt niederlegte. In gebührender Weise stattete die Gemeinde diesem ihrem alten, verdienten Lehrer für seine langjährigen Dienste ihren Dank ab. An seine Stelle trat Herr Lehrer Ernst Strieter, welcher jetzt noch in dieser Schule thätig ist.

Während nun die Gemeinde trotz der Ausdehnung ihrer Grenzen doch eine zu bleiben immer wieder beschloß, so entstand bald außer den beiden genannten Schuldistricten ein nördlicher District, für den drei Meilen nördlich von der Kirche im Jahr 1864 ein Schulhaus gebaut wurde. Hier unterrichtete ein Jahr lang Lehrer Jlgen, und Lehrer Büning bis 1875. An seine Stelle wurde der Stiefsohn Pastor Fürbringers, der Candidat des heiligen Predigtamts Johannes G. Walther, berufen, welcher im Jahre 1884 einem Rufe ins Pfarramt zu Tawas, Mich., folgte. Sein Nachfolger war Herr Lehrer Wilhelm Läsch, der bis zum Jahr 1890 dort thätig war und dann einen Ruf an die Schule in Adrian, Mich., annahm. Auch dieser District war mit den Jahren so groß geworden, daß die Gemeinde zu einer Theilung desselben sich genöthigt sah. So entstand der nordwestliche und der nordöstliche District, welche beide nach längerer Zeit des Berufens besetzt wurden, der erstere durch Herrn Lehrer Otto Bahnemann, der letztere durch Herrn Lehrer Heinrich Gehrs.

Die erste Schule war unterdessen in die Village verlegt und ein zweiter Lehrer, J. G. Nüchterlein, bis dahin in Detroit, berufen worden. Derselbe trat im Sommer 1868 sein Amt an und übernahm den englischen Unterricht. Im Herbst 1882 zog er als Lehrer nach Grand Rapids, Mich. Nach anderthalbjähriger Vacanz wurde Herr Lehrer J. A. F. Strieter, bisher in Akron, Ohio, am Sonntag Misericordias Domini als sein Nachfolger eingeführt. Im Jahr 1889 schritt man zur Berufung eines dritten Lehrers für diese Schule, um sie zu einer dreiklassigen zu machen. Die Wahl fiel auf Lehrer Ernst Rolf in Young America, Minn., welcher dem Berufe Folge leistete. Lehrer F. Strieter hat die Oberklasse, Lehrer Rolf die Mittelklasse, Cantor Riebel die Kleinen.

Im Jahre 1878 zweigte sich der südliche District ab, dessen Schule zuerst Lehrer Etter, dann die Lehrer Leutwein und Kobolbt vorstanden. Seit December 1893 ist Herr Lehrer Karl Waschilewsky an derselben thätig.

So hat also die Gemeinde eine dreiklassige und vier einklassige Schulen, in welchen jetzt 376 Kinder unterrichtet werden in Katechismus und biblischer Geschichte, in den Elementarfächern, in deutscher und englischer Sprache. Auch hier gilt Luthers Wort, das er einst zum Trost an den Kurfürsten von Sachsen schrieb: „Es wächset daher die zarte Jugend von Knäblein und Mägblein mit dem Katechismus und Schrift so wohl zugericht, daß mir's in meinem Herzen sanft thut, daß ich's sehen mag, wie jetzt junge Knäblein und Mägblein lernen, glauben und reden können von Gott, von Christo. Es ist fürwahr solches junges Volk in Ew. Kurfürstl. Gnaden Landen ein schönes Paradies, desgleichen auch in der Welt nicht ist." Gott wolle seine schützende Hand über unsern Schulen halten!

Eins sollte im Anschluß hieran noch Erwähnung finden, daß hier von Jung und Alt viel und gerne und gut gesungen wird. Es mag noch eine Frucht der Neuenbettelsauer Singezeit sein. Und zwar sind es die alten herrlichen Choräle unserer lutherischen Kirche, welche mit Vorliebe gesungen werden. Es ist wohl das Verdienst unseres Herrn Cantor Riebel, daß die Gemeinde am Kirchengesang solchen Geschmack hat und denselben auch in den Häusern und bei Zusammenkünften pflegt. Aber auch der Chorgesang ist nicht vernachlässigt worden. Man kann seines Herzens Freude haben, wenn man die Kinder in den Schulen kräftig, klar,

ungekünstelt nicht bloß ein=, sondern auch zwei= und drei=
stimmige Lieder singen hört. Es befindet sich aber auch ein
durch den Cantor wohlgeschulter Männerchor, ein von Herrn
Lehrer F. Strieter gegründeter gemischter Chor, und ein
Posaunenchor in der Gemeinde, den Lehrer Nüchterlein ge=
gründet hat, und der jetzt unter Lehrer F. Strieters Lei=
tung steht.

Pastor L. Fürbringer, Hülfsprediger und nachmaliger Pfarrer der Gemeinde.

Im Laufe der Jahre stellte sich bei Pastor O. Fürbringer
ein Augenleiden ein, welches ihm das Lesen und Schreiben
unmöglich machte. Kurzsichtig war er immer gewesen, aber
seine Augen müssen früher sehr scharf gewesen sein, denn er
pflegte über alle Maßen fein und klein und dabei doch sehr
accurat und regelmäßig zu schreiben. Schon im Jahr 1872
hatte der damalige Nördliche Synobaldistrict, zu welchem
außer Michigan auch die nordwestlichen Staaten und Canada
gehörten, ihn wegen sich einstellender Gebrechen des Alters
auf sein bringendes Ersuchen seines Synodalamtes enthoben.
Als aber die Staaten Wisconsin, Minnesota und Dakota als
Nordwestlicher District abgezweigt wurden, wurde Pastor Für=
bringer 1875 wieder zum Präses des Nördlichen Districts ge=
wählt und diente noch sieben Jahre in diesem Amte. Bei der
Versammlung des Districts in Saginaw aber, im Jahre 1882,
bat er, man möge an seiner Stelle einen andern Präses wäh=
len, da er „seines Alters und körperlicher Schwäche wegen
dieses Amt bei den jetzigen Verhandlungen nicht verwalten
könne".

Pastor Ludwig Fürbringer.

Auch die Gemeinde war darauf bedacht, ihm in seinen alten Tagen Erleichterung zu schaffen. Im Jahre 1884 wurden mehrere Berufe ausgesandt, um einen jüngeren Pastor als Hülfsprediger zu erlangen. Als aber dieselben erfolglos waren und Pastor Fürbringer wegen seines Augenübels einer Cur in Detroit sich unterziehen mußte, beschloß die Gemeinde, den jüngsten Sohn ihres Pfarrers, Ludwig, der in St. Louis studirte, zur Aushülfe im Predigen kommen zu lassen. Ihn gewann die Gemeinde so lieb, daß sie beschloß, ihn zum Hülfs= prediger zu erwählen und zu berufen, welchen Beruf er nach wohlbestandenem Examen annahm. Am sechsten Sonntag nach Trinitatis 1885 wurde er unter Assistenz seines Vaters und der Pastoren F. Sievers jun. und J. Trinklein ordinirt und in sein Amt eingeführt. Der neue Hülfspastor über= nahm sogleich alle Amtshandlungen und unterstützte den Vater im Predigen und in der Privatseelsorge, wie er auch seine Schreiberei besorgen und ihm vorlesen mußte. Obwohl jung an Jahren — er war geboren am 29. März 1864, also bei seiner Berufung erst 21 Jahre alt — gewann Pastor Lud= wig Fürbringer doch die herzliche Achtung der Gemeinde; und es fand eine Ausnahme auch von der Regel statt, daß ein Prophet nichts gilt in seinem Vaterland. Diese Berufung war eben Gottes Werk gewesen, nicht von Menschen gemacht und durch Menschelei herbeigeführt.

Schon bei der Berufung eines Hülfspredigers waren Un= terschriften für ein neben dem bisherigen zu errichtendes zwei= tes Pfarrhaus gesammelt worden. Dieser Bau wurde jedoch unnöthig, als der Sohn bei den Eltern einzog. Um jedoch auch für diesen die nöthige Räumlichkeit zu beschaffen, faßte

die Gemeinde im Jahre 1886 den Beschluß, an Stelle des alten ein neues großes Wohnhaus zu bauen. Erst später kam dieser Beschluß zur Ausführung, weil dem alten Herrn Pfarrer der Gedanke an die durch den Neubau entstehende Unruhe unerträglich war. Doch war er schließlich recht froh, als im Jahr 1891 das neue, bequem eingerichtete und geräumige Haus bezogen war. Das alte Pfarrhaus wurde eine Strecke weiter nördlich gesetzt und renovirt und dient nun dem 81 Jahre alten, emeritirten Lehrer Pfeiffer zur Wohnung.

In das Jahr 1884 fällt die Anlegung eines neuen Gottesackers, zu welchem die Gemeinde ein schön gelegenes Stück Land westlich von der Kirche erwarb. Der alte Gottesacker war gefüllt. Aber auch auf dem neuen harren bereits 164 Erwachsene und 112 Kinder des fröhlichen Ostermorgens ihrer Auferstehung.

Drohende Gefahren von innen und außen und zu ihrer Abwendung nöthige heiße Kämpfe fehlten auch in dieser Zeit nicht. Eine solche Gefahr war, daß der sogenannte „Arbeiterverein" in der Gemeinde festen Fuß zu fassen drohte. Als die Gemeinde im Jahr 1891 erfuhr, daß eine Anzahl Glieder sich in diesen weltlichen Verein hatten hineinziehen lassen, legte Pastor Ludwig Fürbringer, der damalige eigentliche Seelsorger der Gemeinde (der selige Pastor Fürbringer hatte sich wegen seiner zunehmenden Altersschwäche mehr und mehr von der Gemeindeleitung zurückgezogen), aus Gottes Wort dar, welche Stellung ein Christ zu diesem Verein einnehmen müsse. Es wurde gezeigt, daß dieser Verein der Welt, und zwar der ausgesprochen bibelfeindlichen Welt angehört. Denn sein eigentlicher Zweck ist nicht die Unterstützung seiner Glieber, sondern ausgesprochener Maßen die „Verbrüderung zum Kampf gegen alle vernunftwidrigen Vorurtheile, zur Befreiung der Menschen ohne Unterschied von geistiger und materieller Knechtschaft und zur vernunftgemäßen Bildung seiner Glieder nach den Forderungen der Natur und Humanität". Diesem Zweck entspricht denn auch das Treiben des Vereins in der Abhaltung von weltlichen Belustigungen, Tänzen, Maskenbällen, Trinkgelagen und dergleichen. Zwar macht der Verein viel Aufhebens von seiner Wohlthätigkeit, von der Versorgung der Kranken und Wittwen. Und doch schließt er gerade die von der Unterstützung aus, welche derselben am nöthigsten bedürfen. Und wie viele der Thränen, die der Verein getrocknet zu haben sich rühmt, hat er selbst auf dem Gewissen, da er das Glück und den Wohlstand der Familien zerrüttet hat! Wer daher ein Christ sein will, der kann nicht zugleich ein Glied dieses Vereins sein. Mit Schmerz mußte die Gemeinde sehen, daß einige ihrer Glieder trotz aller Belehrung sich dem Worte Gottes nicht beugen wollten, sondern ihr den Rücken kehrten. Sie durfte sich dabei jedoch des Wortes Gottes an den Propheten Jeremias trösten: „Wo du die Frommen lehrest sich sondern von den bösen Leuten, so sollst du mein Lehrer sein."

Am 25. August 1890 war der Gemeinde ein rechter Freudentag beschieden. Sie durfte das fünfzigjährige Amtsjubiläum ihres Pastors feiern. War schon des fünfundzwanzigjährigen Amtsjubiläums gebührend gedacht worden, so sollte diese seltene Feier um so würdiger sich gestalten. Herr Pastor Friedrich Lochner hielt auf die Einladung der Gemeinde hin am Vormittag die Festpredigt über Apost. 26,

22. 23. und hob hervor die dreifache dem theuern Jubilar in seinem Amtslaufe widerfahrene Gnade, welche sei 1. die Erreichung der ungewöhnlich hohen Stufe im Amtslauf, 2. die Erhaltung bei reiner Lehre bis auf diesen Tag und 3. die in so hohem Alter noch fortgehende Verwaltung des heiligen Amtes. Unter den Klängen des Posaunenchors zog man aus der Kirche in den Pfarrgarten, wo die Jubiläumsgabe der Gemeinde mit einer Ansprache durch Herrn Pastor Sievers überreicht wurde. Auch die Conferenz und andere Freunde hatten verschiedene Gaben ihrer Liebe und Hochachtung darzubringen. In einigen aus tiefbewegtem Herzen kommenden Worten dankte der greise Jubilar für die ihm erzeigte Liebe. Den Grundton seiner Rede faßte er in die Liebesworte zusammen: „An mir und meinem Leben ist nichts auf dieser Erd; was Christus mir gegeben, das ist der Liebe werth." In dem Confirmandenhaus war für die Beamten der Gemeinde und die Gäste aus der Nähe und Ferne eine Tafel gedeckt, wo dann auch die eingelaufenen Glückwunschschreiben verlesen wurden.

Achtzig Jahre war Pastor Fürbringer alt, ein müder Pilger, der sich nach dem Ende seiner irdischen Wallfahrt sehnte. Zwar predigte er noch öfter, that auch sonst noch manche Arbeit, aber es war mehr und mehr zu sehen, daß der Hirtenstab den Händen des greisen Hirten bald entsinken müsse. Wie lauschte die Gemeinde seinen Predigten, welche er im Winter von 1891 auf 1892 hielt! Es war vielen, als ob sie jedesmal die letzten Worte aus seinem Munde hörten. Es war ein stetes Abschiednehmen von seiner lieben Gemeinde, ein bewegliches Rufen und Locken zum Himmel, ein einbring=

liches Ermahnen treu zu bleiben im Glauben und zu kämpfen wider alle Versuchung. Am 24. April, als dem Sonntag nach Ostern, bestieg er zum letzten Mal die Kanzel, und am Sonnabend, den 25. Juni, hörte er zum letzten Mal Beichte. Damit war seine lange öffentliche Amtsarbeit in der Gemeinde beschlossen. Dienstag, den 12. Juli, ging er zur Ruhe ein, nachdem er nur die letzten zwei Tage im Bette, fast immer schlummernd, zugebracht hatte. Morgens 4 Uhr trugen die vier Kirchenglocken, die in Trauerschlägen ertönten, die Kunde durch die Gemeinde, daß Gott seinen treuen Knecht zu seiner Ruhe eingeholt habe.

Am 14. Juli versammelte sich nicht bloß die Frankenmuther Gemeinde, sondern auch achtzehn Amtsbrüder von nah und fern, viele Lehrer aus der Umgegend und Gemeindeglieder aus den Nachbargemeinden fanden sich ein, um dem Entschlafenen die letzte Ehre zu erweisen. Im Pfarrhaus richtete Pastor Sievers sen. auf Grund des 116. Psalms Trostworte an die Trauernden. Die Pastoren G. Bernthal, langjähriger Amtsnachbar des Seligen, J. Bernthal und G. A. Bernthal, einstige Confirmanden desselben, J. F. Müller, K. F. Müller und W. Schumacher, Conferenzbrüder, trugen unter Klängen von Trauermusik des Frankenmuther Blaschors den Sarg auf den alten Gottesacker, woselbst die theure Leiche an der Stätte des Altars der zweiten Kirche eingesenkt wurde zur Seite der daselbst schon ruhenden Tochter Agnes. Herr Pastor Partenfelder von Bay City zeugte am Grabe von der Christenhoffnung angesichts des Todes und Grabes auf Grund des Heilandswortes: „Ich bin die Auferstehung und das Leben", und der Frankenmuther Männerchor sang ein Trauerlied. Dann zog die Trauerversammlung zum Gotteshaus, welches die Menge bei weitem nicht zu fassen vermochte. Nach dem Gesang des Liedes „Es ist genug" hielt Herr Pastor Joseph Schmidt von Saginaw die Leichenpredigt über 1 Mos. 24, 56., in welcher das Wort Eliesers: „Haltet mich nicht auf, denn der HErr hat Gnade zu meiner Reise gegeben. Lasset mich, daß ich zu meinem Herrn ziehe", auf den entschlafenen Knecht Gottes angewandt wurde.

Um die Lücke auszufüllen, welche der Tod hier gerissen hatte, schritt die Gemeinde am 7. August 1892 zu einer Wahl. Wie zu erwarten stand, wurde einstimmig der bisherige Hülfsprediger zum Pastor gewählt. Zugleich versprach die Gemeinde, wieder einen Hülfspastor zu berufen, wenn ein solcher begehrt werde. Auch die längst geplante Europareise sollte der Pastor nicht unterlassen, zumal seinem angegriffenen Hals eine Erholung und Stärkung nöthig war. Die Gemeinde erbot sich, so lange sich von einem Vicar bedienen zu lassen. Am 31. Mai 1893 wurde denn auch Candidat L. A. Wißmüller, berufener Pastor von Forestville, Mich., zum Vicar erwählt unter dem Verständniß, daß die Gemeinde in Forestville ihre Einwilligung gebe. Da diese ihren berufenen Pastor auf längere Zeit beurlaubte, wurde Candidat Wißmüller am dritten Sonntag nach Trinitatis 1893 von Pastor Fürbringer unter Assistenz der Pastoren E. Heinecke und E. L. Arndt in der hiesigen Kirche ordinirt.

So schien alles aufs beste geordnet. Dienstags wurde ein Abschiedsfest gefeiert, an welchem eine Anzahl Gemeindeglieder sich betheiligten und am Mittwoch-Abend reiste der Pfarrer auch ab. Groß war das Erstaunen, als er am Freitag schon wieder hier eintraf, und das Erstaunen wurde zum Schrecken, als bekannt wurde, ein an ihn ergangener Beruf zur Besetzung einer theologischen Professur in St. Louis habe ihn unterwegs erreicht und sei die Ursache seiner Umkehr. Es war so. In einer Versammlung am 16. Juli wurde die Berufsangelegenheit besehen, und so mancherlei auch die Gegengründe zuerst gewesen waren, so kam die Gemeinde zu der Ueberzeugung, daß Gott ihren Pastor auf den für die Kirche wichtigeren Posten rufe, und konnte nichts dawider reden. Doch hatte es Gott ja auch jetzt wieder gut gemacht, indem die Gemeinde auch nach der Abreise ihres Pastors nicht verwaist war, sondern in Pastor Wißmüller einen allgemein beliebten Vacanzprediger hatte.

Die letzten Jahre.

Von den aufgestellten Candidaten wurde nach einigen vergeblich ausgesandten Berufen Pastor Emanuel A. Mayer von New Wells, Mo., berufen, der von seiner Gemeinde endlich friedlich entlassen, dem Berufe hierher Folge leistete. Er traf am 30. November 1893 in Frankenmuth mit Frau und Kind ein. Die Liebe der Gemeinde hatte ihm einen schönen Empfang bereitet. Als der Wagen sichtbar wurde, fingen die mächtigen Glocken an, zum Willkommen zu läuten. In der Kirche wurde er vor versammelter Gemeinde durch den Vorstand begrüßt. Am folgenden Sonntag, als am ersten Advent, fand die Einführung durch Pastor Jos. Schmidt von Saginaw statt, wobei Pastor G. Bernthal von Frankenhilf assistirte. Am zweiten Advent hielt Pastor Mayer Vormittags seine Antrittspredigt über die Epistel, und Nachmittags Pastor Wißmüller seine Abschiedspredigt über das Evangelium des Tages.

Wieder hatte es Gott so gefügt, daß Vater und Sohn der Gemeinde dienen sollten. Der 76jährige Vater ihres Pastors bediente, noch immer in frischer Gesundheit stehend, ein kleines Gemeindchen in Bremen, Randolph Co., Ill. Als die hiesige Gemeinde davon hörte, faßte sie im Mai 1894 den Beschluß, Herrn Pastor August Heinrich Mayer zu ihrem Hülfsprediger zu berufen. Dieser nahm den Beruf an und wurde am neunten Sonntag nach Trinitatis von seinem Sohn und Pastor L. A. Wißmüller eingeführt. Letzterer predigte dabei über 1 Cor. 4, 1. 2., und pries die Herrlichkeit des evangelischen Predigtamtes. Und wir seufzen: „Die Sach und Ehr, HErr JEsu Christ, nicht unser, sondern dein ja ist; darum, so steh du denen bei, die sich auf dich verlassen frei."

Ein Trauertag ist in dieser Zeit zu verzeichnen, der 18. Januar 1895. An demselben hatte die Gemeinde ihrer früheren lieben Frau Pastor Fürbringer das Geleite zu ihrer letzten irdischen Ruhe zu geben. Mutterliebe hatte ihr den schweren Abschied von ihrem lieben Frankenmuth, mit dem sie in 35 Jahren durch mancherlei Leid und Freud eng verwachsen war, in ihrem Alter leicht gemacht. Im Sommer 1894 war sie wieder hier gewesen, und hatte in lieblicher Frische und Fröhlichkeit einige Wochen bei ihren Kindern und Freunden zugebracht. Damals hätte niemand geahnt, daß sie so bald sollte von uns genommen werden. Aber so war's Gottes Wille. Am 15. Januar starb sie an der Lungenentzündung im Alter von 75 Jahren. Nach ihrem Wunsch wurde sie an der Seite ihres Gatten gebettet, mit dem sie in fast fünfzigjähriger Ehe verbunden gewesen war. Ihr Leichentext war das Wort Spr. 10, 7.: „Das Gedächtniß des Gerechten bleibet im Segen."

Hier sollte auch erwähnt werden, daß vom 8. bis 14. Mai 1895 die Synode des Michigan-Districts in unserer Kirche tagte und 71 Pastoren, 69 Lehrer und 68 Deputirte nebst einer Anzahl Gäste in unsere Mitte führte. Das war eine andere Zahl als damals im Jahre 1859, wo die Synode Nördlichen Districts in Frankenmuth versammelt war, und 22 Pastoren, 6 Lehrer und 12 Deputirte sich einfanden. Doch konnten fast alle Gäste innerhalb eines Umkreises von zwei Meilen von der Kirche untergebracht werden. Den Sitzungen wohnten viele Gemeindeglieder bei, und alle ließen es sich angelegen sein, ihren Gästen den Aufenthalt hier so angenehm als möglich zu machen.

Daß nun das halbhundertjährige Bestehen der Gemeinde nicht ganz still vorübergehen dürfe, das war der Gemeinde längst klar. Sie berieth daher, auf welche Weise wir am passendsten der großen Segnungen Gottes gedenken und unsern Dank dafür bezeugen könnten. Das Resultat dieser Berathungen ist die Abfassung dieses Büchleins. Ferner beschloß die Gemeinde, den jetzigen Altar, welcher zwar in seiner Form schön, aber im Verhältniß zur Kirche zu klein ist, durch einen neuen, zur Kirche passenden Altar zu ersetzen. Der Plan zu demselben ist von einem ehemaligen Frankenmuther, Herrn Johann Herzog, gefertigt. Die Frauen der Gemeinde wollen ihre Theilnahme an dem Jubelfest durch Anschaffung eines neuen Teppichs für die Altarnische beweisen, die Jünglinge für einen neuen Kronleuchter, die Jungfrauen für eine neue Altar- und Kanzelbekleidung sorgen. An zwei Tagen soll das Fest gefeiert werden.

Beim Rückblick auf die verflossenen fünfzig Jahre dürfen endlich auch die Namen der Männer nicht unerwähnt bleiben, welche als Beamte der Gemeinde für ihr gedeihliches Wachsthum gesorgt haben. Diese Liste fängt erst mit dem Jahre 1850 an. Von 1850 bis 1858 waren die Vorsteher zugleich Trustees.

Als Vorsteher haben der Gemeinde gedient:

1. Lorenz Löfel 1850 bis 1879. Johann Mich. Rogner 1880 bis 1882. Joh. Keinath 1883 bis 1895.
2. Johann List 1850 bis 1881. Friedrich Bates 1882 bis 1895.
3. Johann Pickelmann 1850 bis 1856. J. Leonh. Bernthal 1857 bis 1877. Matthäus Bierlein 1878 bis 1895.
4. Adam List 1850 bis 1858. Johann Herzog 1859 bis 1895.
5. Joh. M. Hubinger 1850. 1851. Georg Bierlein 1852 bis 1854. Johann Bierlein 1855 bis 1884. Mich. Geyer 1885 bis 1890. Konr. Keinath 1891 bis 1895.
6. Leonh. Krafft 1850 bis 1871. Joh. Nüchterlein sen. 1872 bis 1877. Joh. Nüchterlein jun. 1878 bis 1895.
7. Johann S. Zehender 1883 bis 1891. Fr. W. Schellhas 1892 bis 1895.
8. Christoph Nüchterlein 1883 bis 1895.

Trustees.
1. Joh. M. Hubinger 1859 bis 1895.
2. Joh. Adam Roth 1859 bis 1882. J. M. Jordan 1883 bis 1888. Heinrich Reichle 1889 bis 1894. Friedr. Gugel 1895.
3. Geo. M. Schäfer 1859 bis 1880. Peter Schluckebier 1881 bis 1895.
4. Joh. M. Arnold 1860 bis 1865. G. Konr. Bernthal 1866 bis 1893. Joh. Rupprecht 1894 bis 1895.
5. Andr. Lämmermann 1860 bis 1888. Joh. Schlucke=bier 1889 bis 1895.

Und nun blicke, lieber Leser, nochmals kurz zurück und gedenke der vorigen Zeit bis daher und betrachte, was Gott gethan hat an den alten Vätern die fünfzig Jahre lang, sage: sind nicht überall zu erkennen die Wege und Wunder des HErrn Zebaoth, der die Seinen behütet wie seinen Augapfel? Wir, das jüngere Geschlecht, treten in das zum Theil unter heißen innerlichen und äußerlichen Kämpfen errungene Erbe unserer Väter ein: sollten wir nicht aus Herzensgrund den Gott loben, der so treu sich an ihnen bewiesen hat? Und wenn wir der Weissagung unsers Luther, daß Gottes Wort ist wie ein fahrender Platzregen und selten länger als ein Menschenalter an einem Orte bleibt, gedenken; wenn wir die auf allen Seiten hereinbrechenden Gefahren anschauen, sollte sich dann nicht mit dem Lob für die bewiesene Treue Gottes auch die ernste Bitte unserer Seele entringen: HErr, erhalte uns dein Wort! Bleibe bei uns mit deiner Gnade, deinem Licht, deinem Segen und Schutze? Und sollte dieser Bitte erste Frucht sich nicht darin beweisen, daß wir auch mit hei=

ligem Ernſte wachen über die Güter der reinen Lehre, des treuen Feſthaltens am Bekenntniß und kirchlicher Sitte, des Eifers für ernſte Zucht und gottſeliges Leben, die wir von unſern Vätern überkommen haben? Wahrlich, uns hat Gott viel vertrauet, er wird viel von uns fordern!

Darum, liebe St. Lorenz-Gemeinde, du trägſt den Namen „Lorenz", das heißt, „Kronenträger", Gott hat dich mit einer herrlichen Krone geſchmückt: **„Halte, was du haſt, daß niemand deine Krone nehme."**